职业教育“做中学”课程改革成果教材

汽车检修典型项目实训

主　编　陈超杰
参　编　蒋勇庆　张科锋　廖进平
　　　　董哲学　周豪波　盛骏懿
　　　　楼金亮　陈　健

机械工业出版社
CHINA MACHINE PRESS

本书是职业教育“做中学”课程改革成果教材。本书基于中职学生群体特征，在教材设计上提出了“教最典型、最常用的专业技能，用最直观、最原始的方式呈现”等先进理念，在教材编写上，坚持“用‘图片’说话、用‘维修手册’衡量、紧贴‘企业实践’、培养‘7S管理与服从’意识”等创新方式。

本书共设10个汽车检修典型项目，内容包括点火系统检修、燃油供给系统检修、空气供给系统检修、起动系统检修、充电系统检修、蓄电池检修、照明系统检修、空调系统检修、制动系统检修、轮胎检修。

本书可作为中等职业学校汽车运用与维修专业的教材，也可以作为汽车维修行业从业人员的岗位培训用书。

图书在版编目（CIP）数据

汽车检修典型项目实训/陈超杰主编. —北京：机械工业出版社，2016.4

职业教育“做中学”课程改革成果教材

ISBN 978-7-111-53354-2

Ⅰ.①汽… Ⅱ.①陈… Ⅲ.①汽车－车辆修理－职业教育－教材 Ⅳ.①U472.4

中国版本图书馆CIP数据核字（2016）第062690号

机械工业出版社（北京市百万庄大街22号 邮政编码100037）
策划编辑：曹新宇 责任编辑：曹新宇 韩 冰
责任校对：张 征 封面设计：马精明
责任印制：李 洋
北京汇林印务有限公司印刷
2016年5月第1版第1次印刷
210mm×285mm·12.5印张·372千字
0001—2000册
标准书号：ISBN 978-7-111-53354-2
定价：48.00元

凡购本书，如有缺页、倒页、脱页，由本社发行部调换

电话服务
服务咨询热线：010-88379833
读者购书热线：010-88379649

网络服务
机工官网：www.cmpbook.com
机工官博：weibo.com/cmp1952
教育服务网：www.cmpedu.com
金书网：www.golden-book.com

前言

长期以来，中等职业学校教师在教学过程中，常常会有这样的困惑：面对中职学生，我们应该教什么？换言之，如何去改善中职学生“厌学”的局面？经过多方研究发现：应该从学生实际情况出发，教学生喜欢的内容，教企业所需的知识。教学过程中要整合所教的专业知识，简化理论要点，强化技能操作。

一、教什么？——传授最典型、最常用的技能点

在日常专业教学过程中，各类中等职业学校要求专业教师具备两种能力，即教学能力与专业能力，要求教师“既会教、又会干”。所谓“会教”，就是要求教师用最平实的教学语言，结合最恰当的教学方式方法，向学生传授最基本的专业理论知识与操作技能。从行业角度来讲，在实际操作过程中所涉及的专业技能知识点往往不是“最难的”，而是“最为典型、最为常用”的专业操作技能点。所谓“最典型技能项目”就是指学生在学习了这些技能项目以后，到一般汽修店或4S店工作实习时，都能用得上，而这往往也是企业老板或资深师傅要求学生所具备的基本工作能力（专业能力），对于那些一来就能“顶岗上任”的学生，各企业老板会大加赞许。而所谓“会干”指的是教师的专业动手操作能力，它并不是要求教师“全能”，不用样样都会，只要求教师掌握最典型、最常用的专业技能点即可。此次《汽车检修典型项目实训》正是基于这一思路而编写的，项目理论内容力求简单化、实践内容力求可操作化。

二、如何教？——用最直观、最原始的方式传授

《汽车检修典型项目实训》共有10个典型检修项目，涵盖汽车发动机、电气、底盘三部分。在教材编写上，我们自始至终坚持以下四点：①用“图片”说话，去除过多的理论知识讲解，每个检修项目标准化操作流程均以“高精细、高质量、高像素的实物图片”直观展示；②用“维修手册”衡量，对于操作结果是否达标、操作过程是否规范等方面的评价均可通过（丰田卡罗拉、上海通用别克凯越）汽车维修手册操作要点来评定，并推出“实训项目工单”，让学生“边操作、边记录、边评价”，以此达到“做中学”的效果；③紧贴“维修实践”，在浙江省永康市汽修协会的大力支持下，我们与浙江省永康市聚车宝汽车修理服务有限公司、浙江省永康市桑迪汽车修理厂等5家企

业开展了深层次的校企合作，拍摄了汽车技能项目标准化操作流程的视频与图片，紧密联系汽车企业维修工作内容（包括遇到问题、维修接待、确定故障、遇到困惑、检修过程、检修记录六个环节），真正做到了“企业需要什么，我们就教什么”，实现“零对接”；④培养“7S 管理与服从”意识，在实际企业走访中，我们发现企业比较看重学生是否具有“7S 管理与服从”意识，即要考查学生是否具有大局观，学生进入企业后能否融入企业的新环境中，培养学生用一种积极、上进的人生观和自身的技能服务大家，使个人价值得到提升。

三、如何学？——适合学生“做中学”

本书主要适用于中等职业学校汽车相关专业的学生。在具体教学实施过程中，学生可以分为两组，一组对照教材中的操作步骤先示范操作，另一组现场观摩，每完成一个实训项目，两组便交换一次，保证每组学生至少能够先看一遍、再干一遍，便于学生在观摩中相互讨论，在操作中相互交流。本书各项目教学学时安排建议见下表。

项　目	内　容	学　时
项目一	点火系统检修	5
项目二	燃油供给系统检修	5
项目三	空气供给系统检修	5
项目四	起动系统检修	3
项目五	充电系统检修	3
项目六	蓄电池检修	3
项目七	照明系统检修	5
项目八	空调系统检修	3
项目九	制动系统检修	4
项目十	轮胎检修	6
总　计		42

本书由陈超杰任主编，参加编写的还有蒋勇庆、张科锋、廖进平、董哲学、周豪波、盛骏懿、楼金亮、陈健。同时也得到了杭州、金华、绍兴、嘉兴等地区多所中职学校教师的积极参与。

由于编者水平有限，书中难免有不足之处，敬请读者提出宝贵的意见和建议，以求不断改进和完善。

编　者

Contents 目录

项目一

点火系统检修

学习目标

1. 能说出汽车点火系统的作用、部件组成及各部件实际安装位置。
2. 能正确记录汽车点火系统主要部件检修的内容要点。
3. 能规范完成汽车点火系统的检修操作流程。
4. 能自觉养成 7S 自主管理的行为习惯。

项目导读

点火系统检修是汽车检修的典型项目之一。车辆线路、车辆使用年限、行驶里程等因素都会使汽车点火系统产生故障，导致车辆怠速抖动、无法起动。遇到此类问题，作为汽车维修工，首先应对汽车点火系统的作用、结构组成、工作过程等基础知识有一定的了解，并掌握一些维修工具名称及使用方法，按照科学、合理的检修流程排除故障。

学时建议

建议安排 5 学时。其中，点火系统检修的操作流程（任务实施环节）是教学重点，也是教学难点，建议安排 3 学时。

资料收集

思考：汽车点火系统有什么作用？该系统由哪些部件组成？在检修过程中，需要哪些工具？

1. 利用相关网站

想要了解“汽车点火系统的作用、部件组成、工作过程、检修流程”等基础知识，可以登录浙江职业教育资源网（http://www.zjve.cn），该网站是我国职业教育专业课程改革（教与学）的支持平台和展示职业教育风貌的重要窗口，设有专业资源、专业介绍、仿真实训、网络课程、优秀教案、特级教师工作室等栏目，资源容量达到 10GB。学生可以免费使用网站上的所有资源，使之为以后的专业学习提供帮助。

登录该网站汽车运用与维修专业教学资源平台，注册后可浏览教学微视频、专业电子图书、操作动画演示等内容。

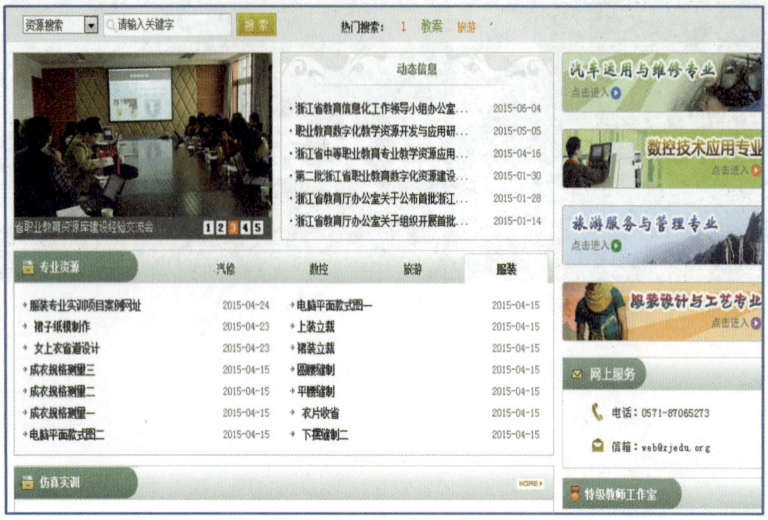

职业教育资源网首页

你知道吗？说说以下工具的名称。

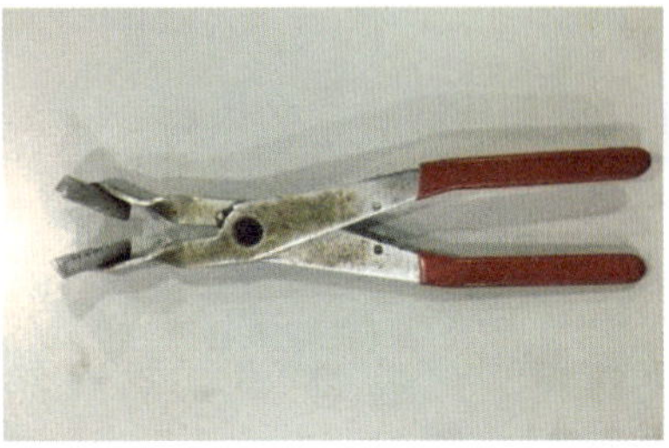

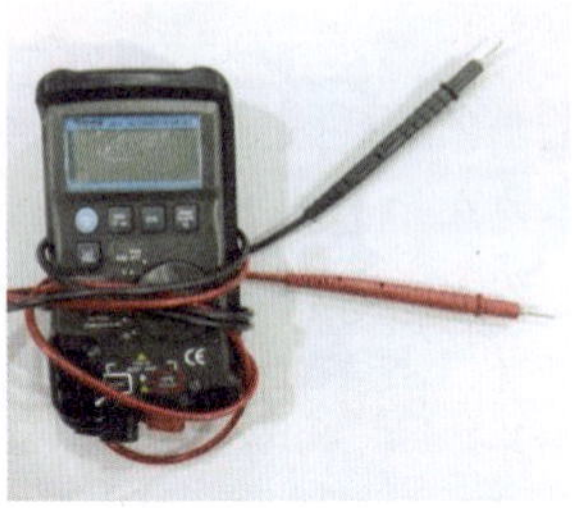

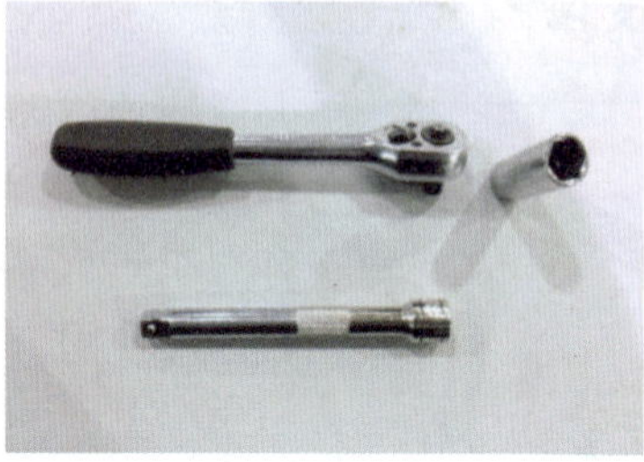

______________　　______________　　______________

2. 教学实施准备

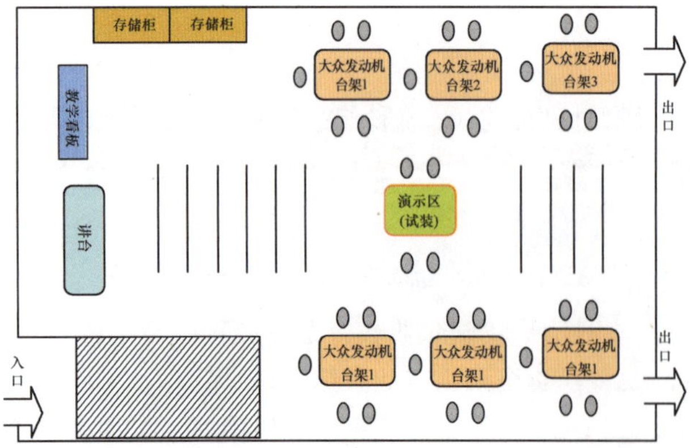

汽车发动机实训室布置图

7S 实训管理风采：各司其职

活动展开

1. 问题情境

一辆 2009 年生产的丰田卡罗拉 1.6AT 故障轿车，行驶里程 105000km，车主反映汽车起动机运转正常，但发动机起动困难，怠速伴随着规律性抖动，加速无力、缓慢。你能帮助他解决问题吗？

试车后，发现汽车起动机能正常运转，但发动机起动困难，车子规律性抖动，需要进一步检查。

导致汽车发动机“怠速规律性抖动”的原因有哪些？

2. 任务准备

（1）信息登记

对照“实训项目工单”，记录维修车辆基本信息。

（2）外观检查

检查并登记车辆使用状况（车身外观情况、燃油情况等），标注：

○ 刮花

× 凹痕、划痕

△ 裂纹

（在车辆对应的部位，标记相应符号）

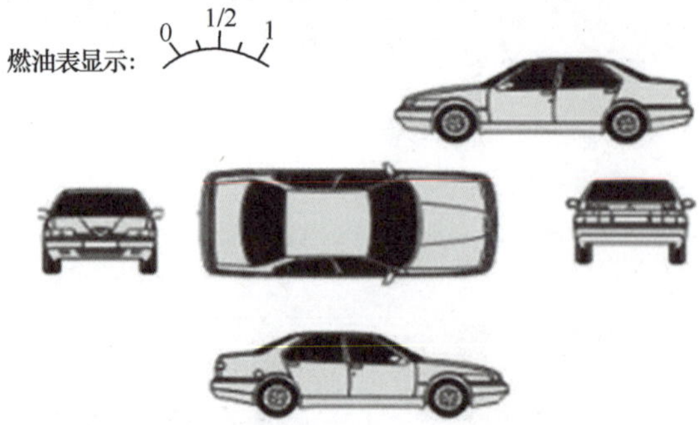

（3）进入工位

进入工位，我们应该做好以下工作：

☐ 穿好工作服

☐ 维修安全自检

☐ 准备所涉及的维修工具

☐ 调试举升机

☐ 整顿设备仪器摆放

（待完成后，在相应方框内打√）

3. 查询故障

（1）基本检查

☐ 挂入 P 位

☐ 拉起驻车制动器，使车辆处于静止状态

☐ 打开发动机舱盖，并安装车辆挡块、左右翼子板布、前格栅布

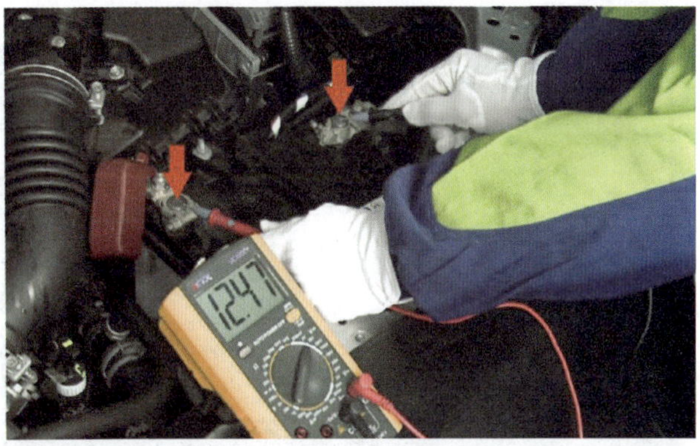

☐ 检查蓄电池工作情况（外观、接线柱、电压值等）

各线束检查：________________

蓄电池电压值：______________

各液位高度：________________

____

____

____

（2）读取故障码

☐ 打开车辆诊断接口盖，将智能诊断仪 KT600 连接到车辆故障诊断接口 OBD

（注意选用正确的诊断接头）

☐ 待连接好后，将点火开关置于 ON 位置

☐ 按下智能诊断仪 KT600 电源键

□ 根据车辆信息，选择正确的车型、品牌及型号

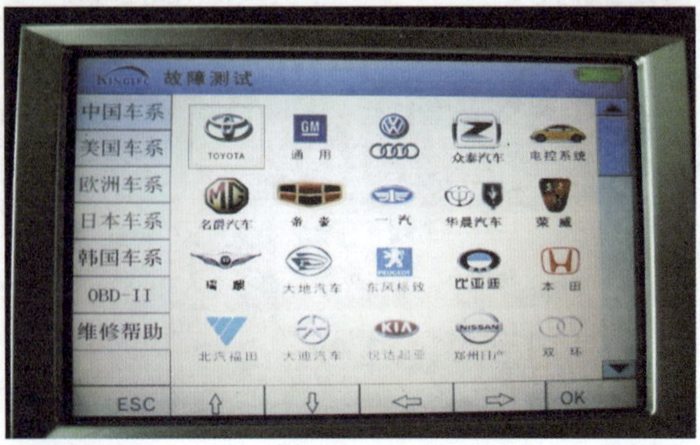

□ 选择正确的诊断接头

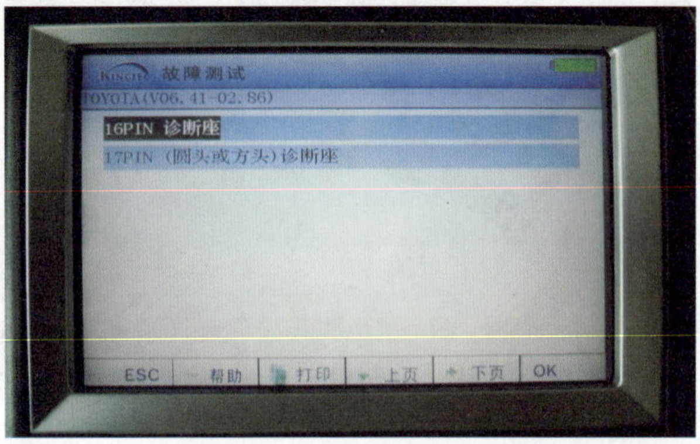

□ 选择“发动机和变速器系统”命令

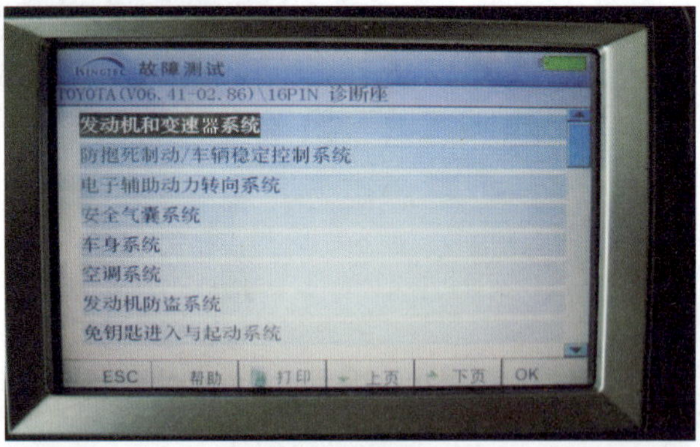

□ 选择“读取当前码”命令

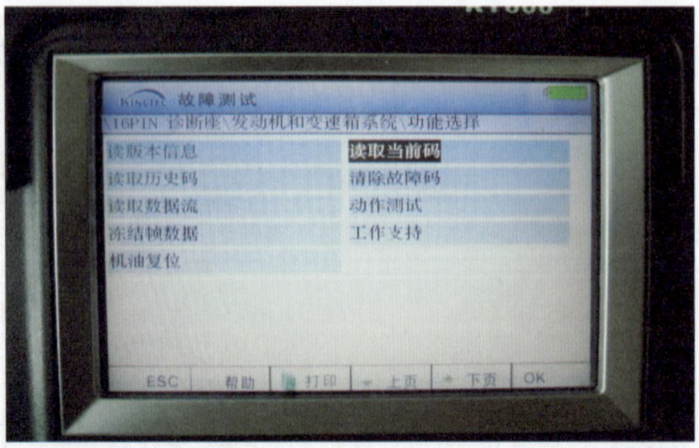

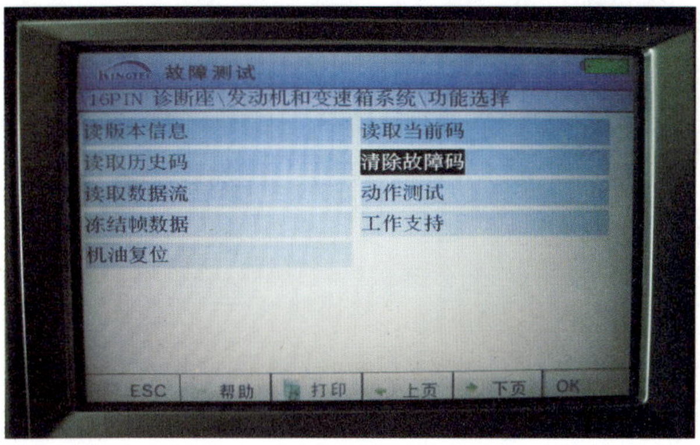

□ 选择“清除故障码”命令（历史遗留故障码）

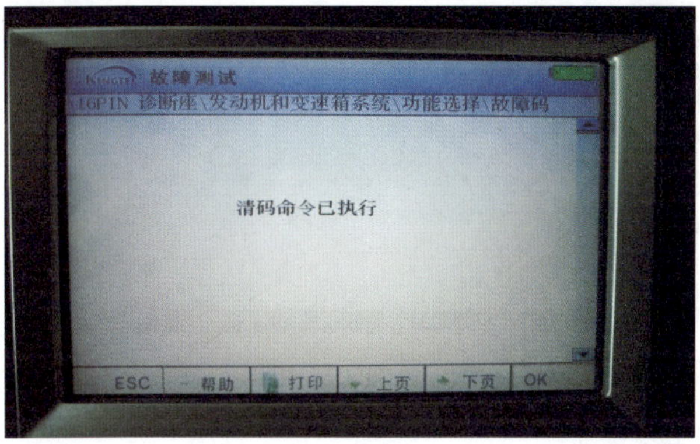

□ 待显示“清码命令已执行”界面

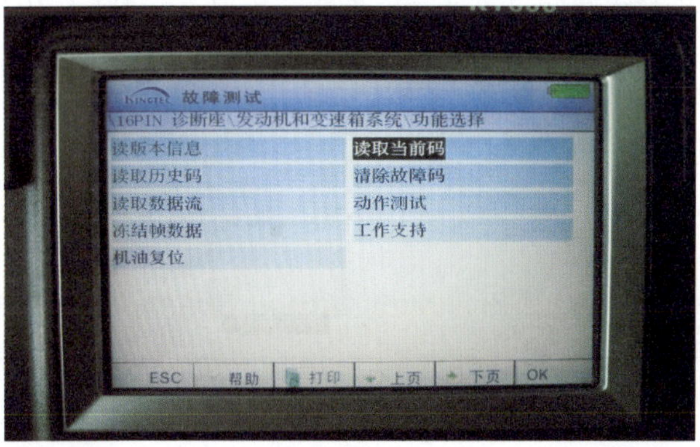

□ 退回“读取当前码”界面

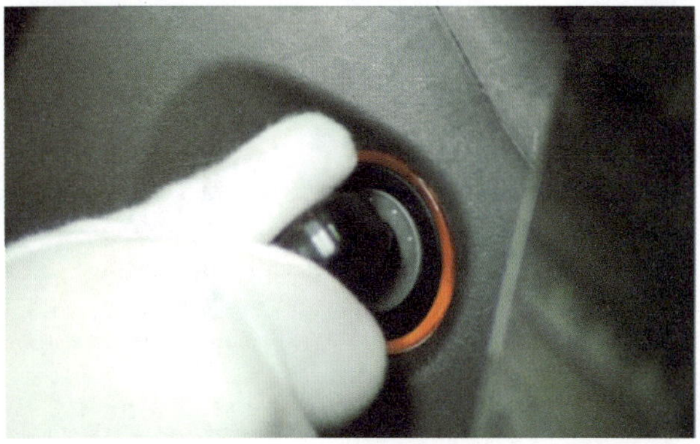

□ 起动车辆，试车停止后，再次选择“读取当前码”命令，记录故障码

故障码：______________________

____

故障现象：__________

____

____

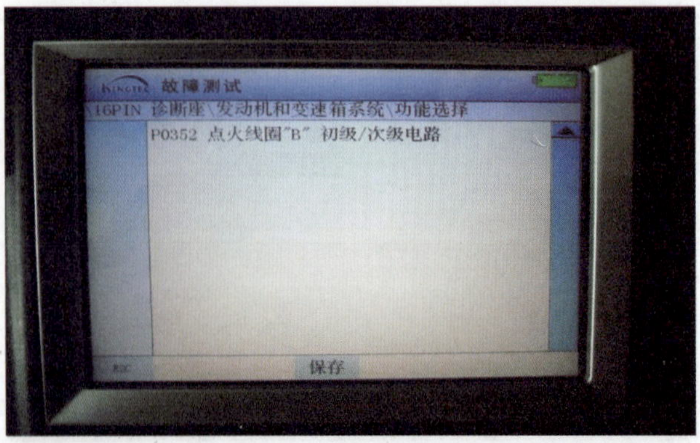

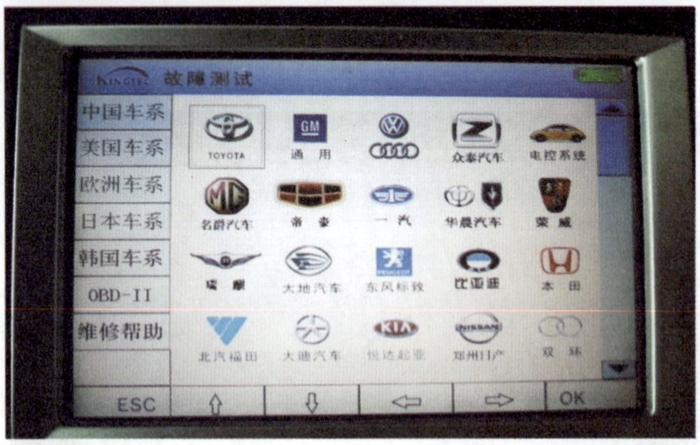

□ 退出诊断系统，返回原始界面

4. 知识链接

（1）汽车点火系统的含义

汽车点火系统是发动机为了正常工作，按照各缸点火次序，定时地供给火花塞以足够高能量的高压电（15000 ~ 30000V），使火花塞产生足够强的火花，点燃可燃混合气。

（2）汽车点火系统的组成

汽车点火系统主要由曲轴位置传感器、凸轮轴位置传感器、ECU、点火模块、点火线圈、火花塞等组成。

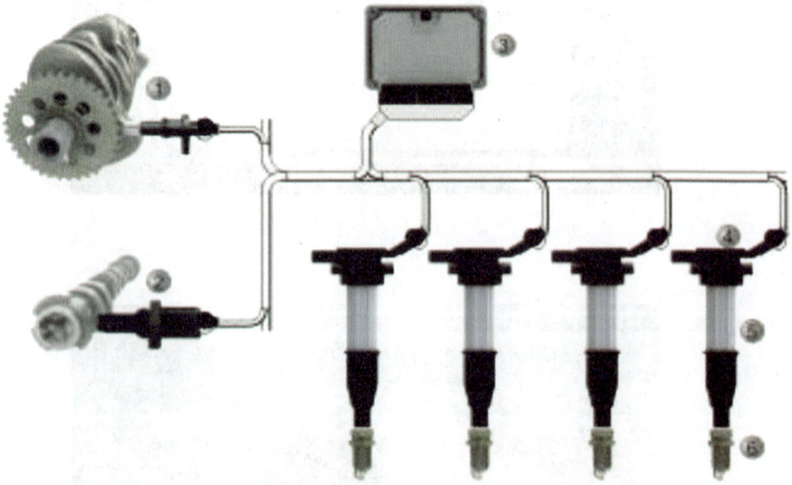

汽车点火系统部件组成示意图

1—曲轴位置传感器　2—凸轮轴位置传感器

3—ECU　4—点火模块　5—点火线圈　6—火花塞

（3）汽车点火系统的工作原理

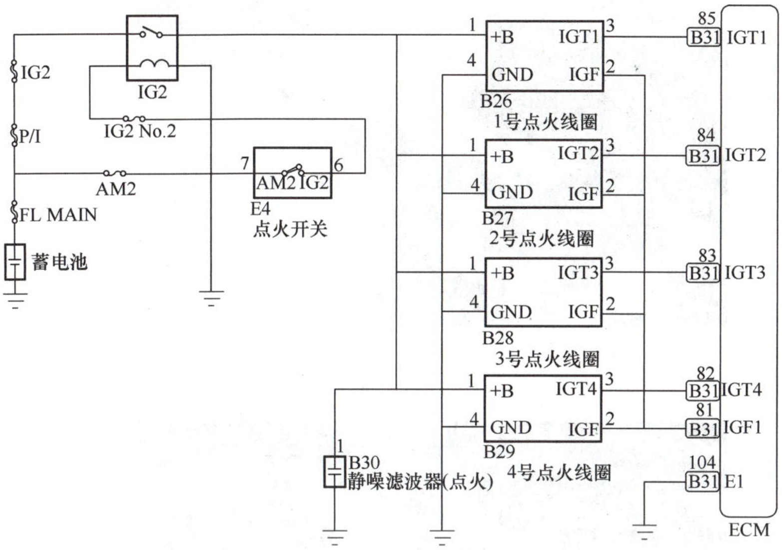

汽车点火系统的工作控制过程

① 电源→熔丝 IG2→继电器 IG2→点火线圈 1 号端子（+B 端）供电→点火线圈 4 号端子（GND）搭铁线。

② ECM 端子（IGT1、IGT2、IGT3、IGT4）至各个点火线圈的 3 号端子提供点火信号，各缸点火信号反馈 2 号端子与 ECM 端子 IGF1 是连接在一起的，通过 IGF1 端为 ECM 提供点火反馈信号。

③当点火信号反馈线存在断路、短路等故障时，ECM 不会向点火线圈提供点火信号电压，发动机将无法起动。

（4）汽车点火系统部件实际安装位置

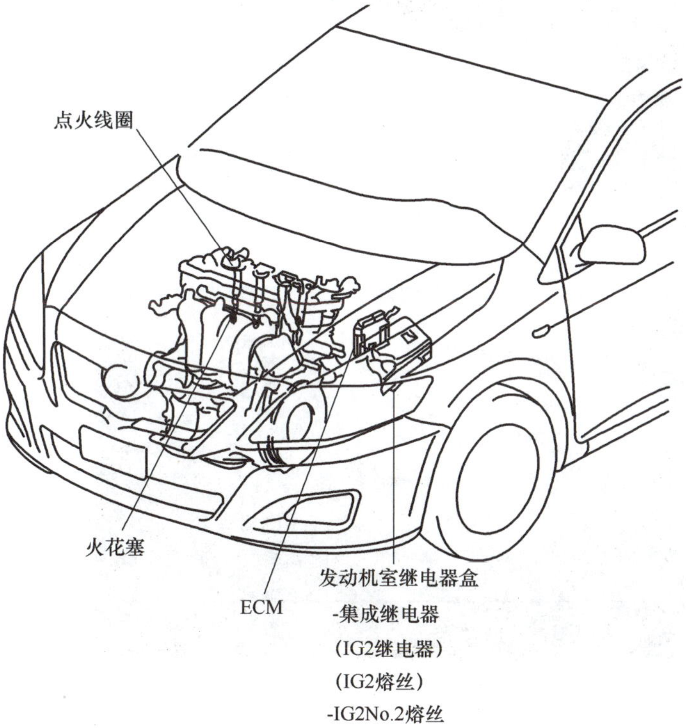

按图找出汽车点火系统各部件的实际安装位置。

5. 任务实施

（1） 检修线路

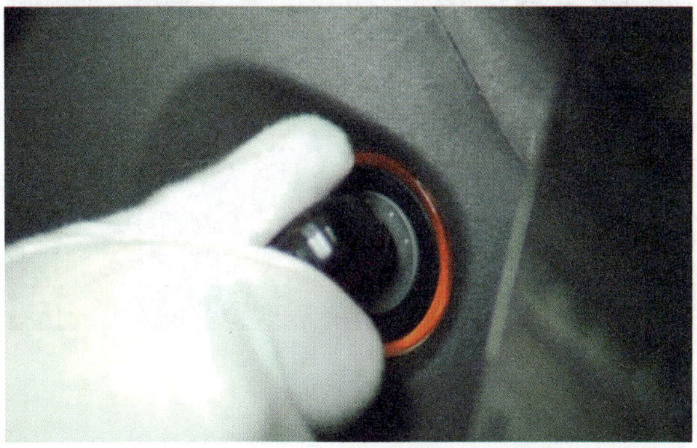

□ 将点火开关置于 LOCK 位置，取下发动机装饰盖罩

□ 按下点火线圈线束插接器卡扣，将线束插接器向外拔出，依次断开四个点火线圈线束插接器

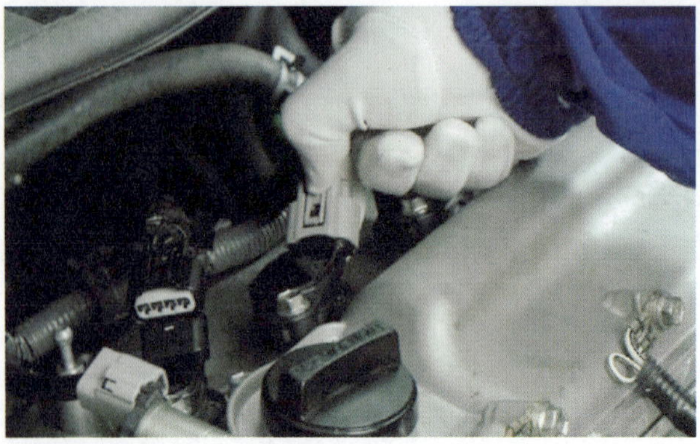

□ 检查插接头使用情况，有无损坏或腐蚀

□ 数字万用表在使用前应进行校零

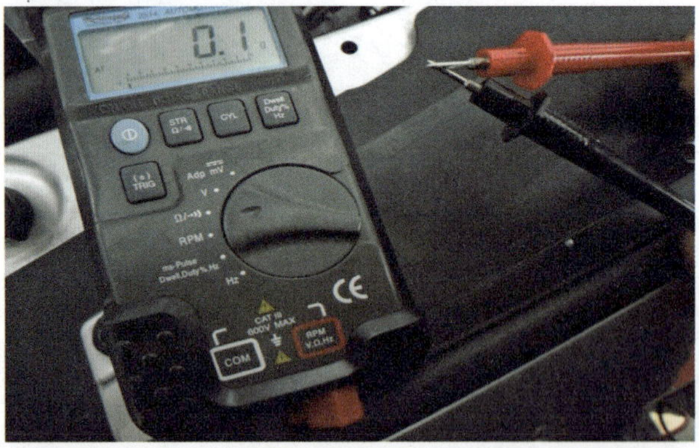

□ 将点火开关置于 ON 位置，利用数字万用表，检查点火线圈插接器 1 号端子供电情况与 4 号端子搭铁连接情况

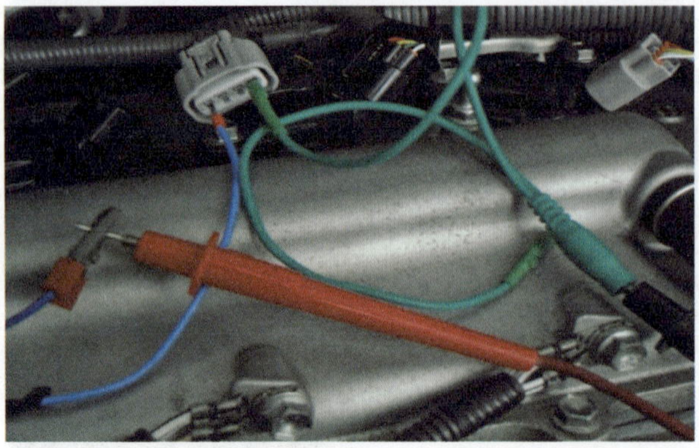

断路检测	条件	规定值
B26-4 至车身搭（GND）	始终	＜ 1Ω
B27-4 至车身搭（GND）		＜ 1Ω
B28-4 至车身搭（GND）		＜ 1Ω
B29-4 至车身搭（GND）		＜ 1Ω

电压检测	条件	规定值
B26-1 至 B26-4	点火开关置于 ON 位置	9~14V
B27-1 至 B27-4		9~14V
B28-1 至 B28-4		9~14V
B29-1 至 B29-4		9~14V

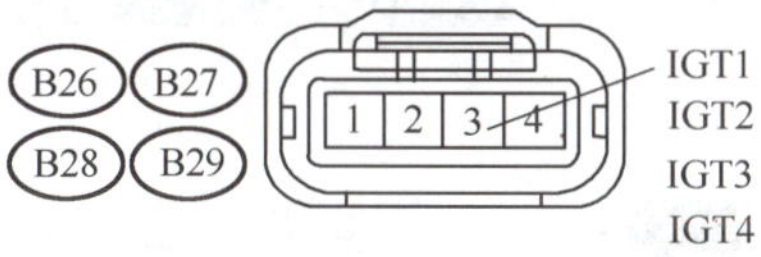

线束插接器前视图(至点火线圈总成)

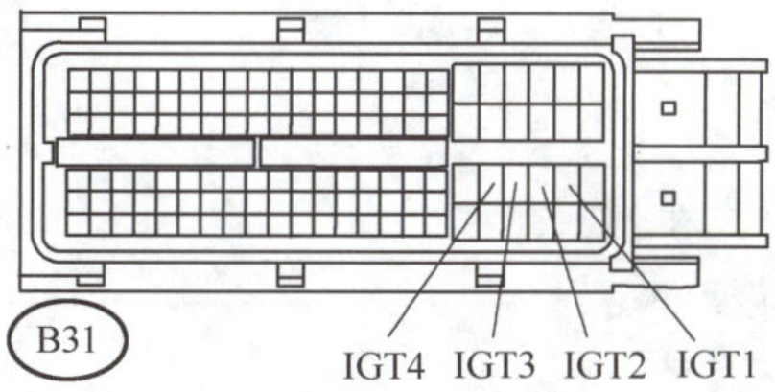

线束插接器前视图（至ECM）

检查结果：______________________

____

采取措施：__________

____

____

端口间测量值：______________

____

____

____

□ 利用数字万用表，检查点火线圈线束插接器至 ECU 的通断情况

断路检测	条件	规定值
B26-3 至 B31-85（IGT1）	始终	＜ 1Ω
B27-3 至 B31-84（IGT2）		＜ 1Ω
B28-3 至 B31-83（IGT3）		＜ 1Ω
B29-3 至 B31-82（IGT4）		＜ 1Ω

□ 检查点火线圈线束插接器至车身搭铁的短路情况

短路检测	条件	规定值
B26-3 或 B31-85（IGT1）至车身搭铁	始终	≥ 10000Ω
B27-3 或 B31-84（IGT2）至车身搭铁		≥ 10000Ω
B28-3 或 B31-83（IGT3）至车身搭铁		≥ 10000Ω
B29-3 或 B31-82（IGT4）至车身搭铁		≥ 10000Ω

先拆装蓄电池负极端子，方能断开 ECM 插接器，防止数据丢失。

如果出现点火线圈拔出困难的情况，不要硬拔，要左右多次旋动点火线圈，使火花塞与点火线圈套出现松动，然后再垂直拔出点火线圈。

拆下点火线圈时，不要损坏发动机缸盖罩开口上的火花塞盖或火花塞套管顶部边缘。

□ 将火花塞套筒与火花塞中心对正，然后拧松，直到火花塞螺纹完全退出后，将工具与火花塞一同取出，依次拆卸 4 个点火线圈和 4 个火花塞

□ 断开 4 个喷油器插接器，将火花塞安装到各点火线圈上，并连接点火线圈插接器；检查发动机起动过程中是否出现火花（不要使发动机起动时间超过 5s）

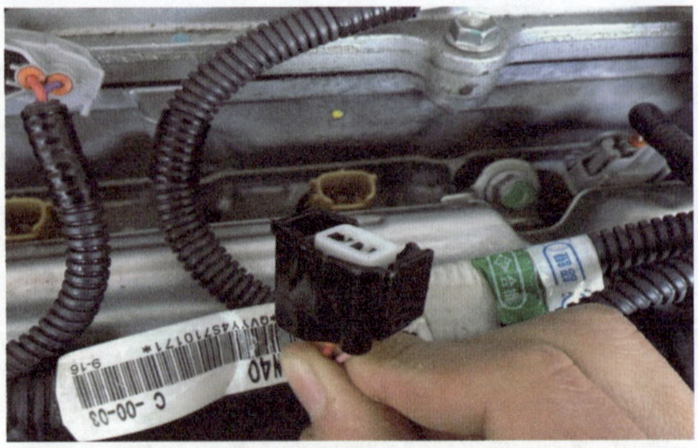

☐ 如果火花塞跳火时，产生蓝色火花并伴随清脆的“啪啪”声，则为正常现象

☐ 如果火花塞跳火时，产生红色火焰并伴随轻微声响，说明点火线圈存有故障

☐ 如果火花塞跳火时，中心电极发出的火花不经过侧电极而直接到达壳体，则说明火花塞潮湿、脏污或存在内部绝缘故障

（2）检修火花塞

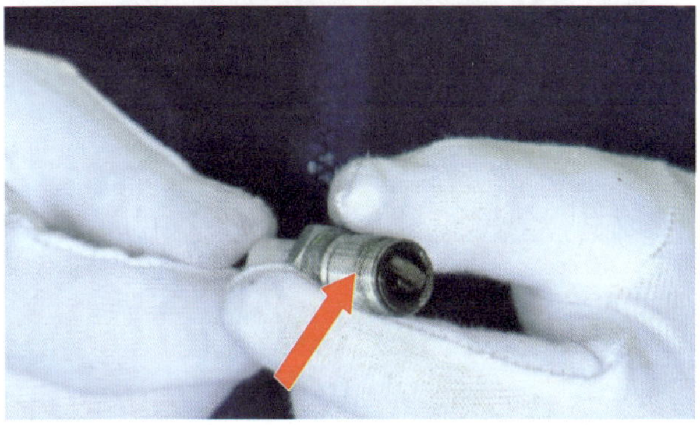

☐ 检查螺纹是否完好。检查火花塞的密封垫圈是否有断裂、扭曲等损伤现象

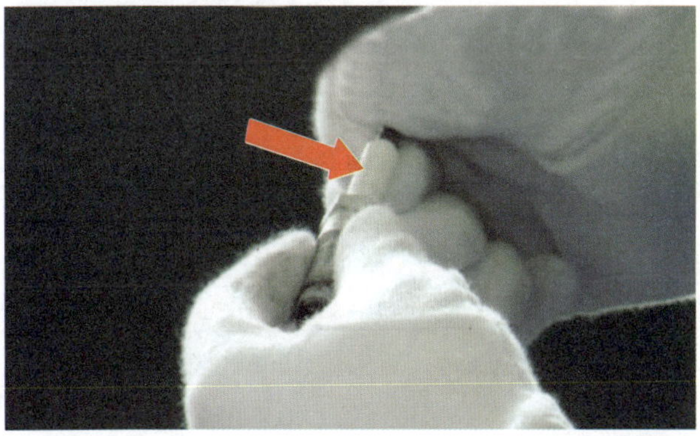

☐ 检查火花塞顶部陶瓷是否有裂纹

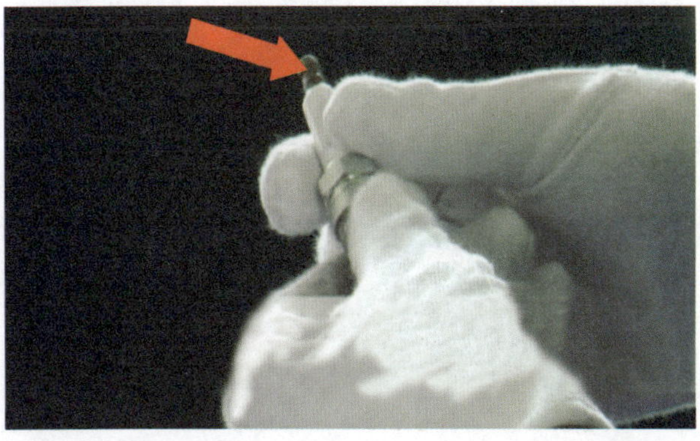

☐ 检查火花塞与点火线圈套接触部位是否存在锈蚀或烧蚀

□ 检查火花塞电极状况，是否存有烧蚀

□ 目视检查火花塞电极的烧蚀情况，并观察火花塞电极的色泽

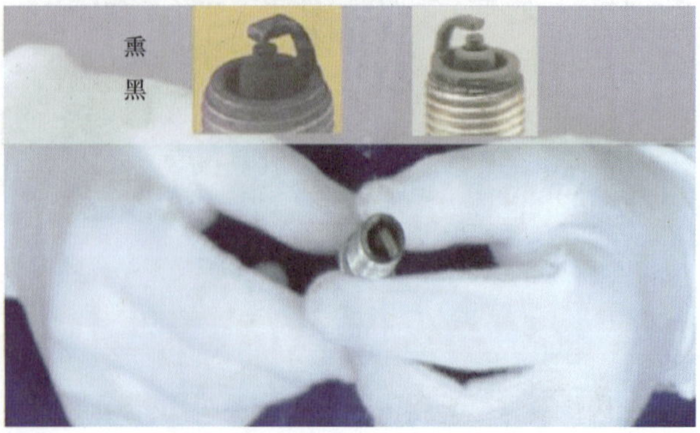

□ 检查火花塞电极色泽：①若电极为灰白色，说明缸内气体燃烧良好；②若电极为炭黑色，说明缸内气体燃烧状况差。火花塞烧蚀严重时，必须更换火花塞

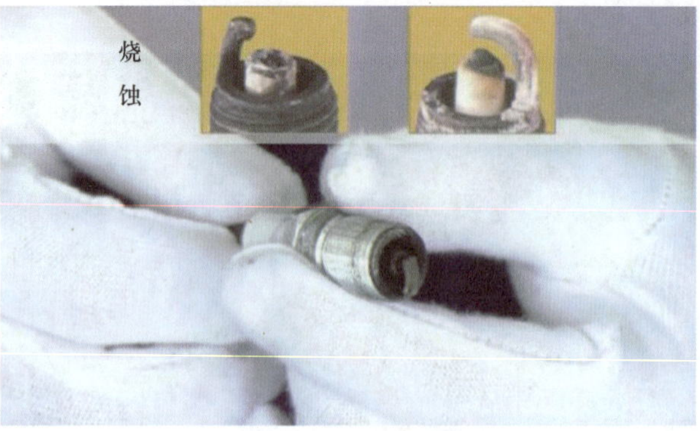

□ 用塞尺测量电极间间隙，如果测得的数据不符合标准，则应更换为新的火花塞

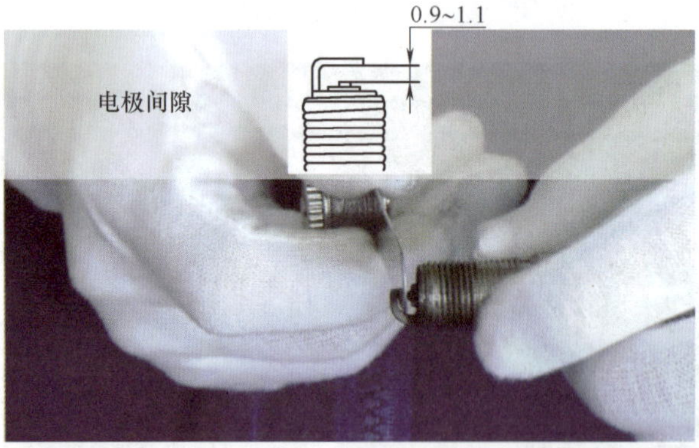

检查结果：__________

____

采取措施：__________

____

（3）检修点火线圈

□ 检查点火线圈线束插接器有无损坏、锈蚀状况

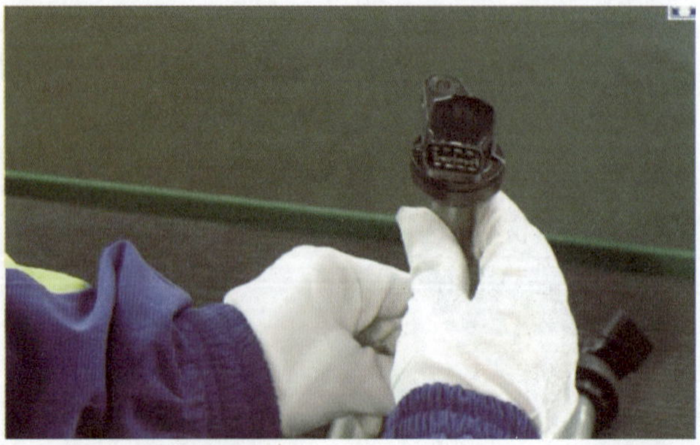

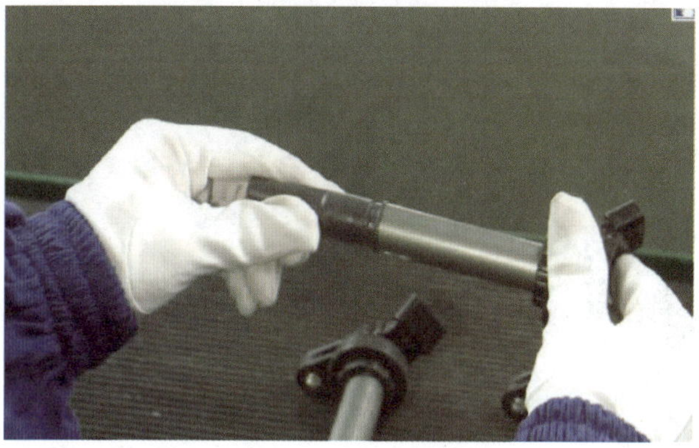

□ 检查点火线圈外观有无损坏、破裂状况

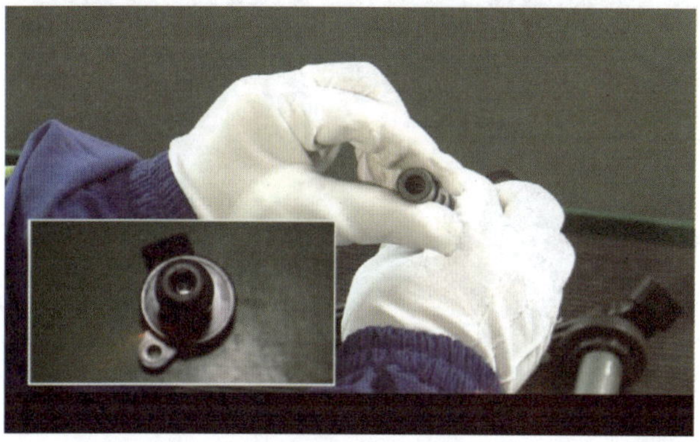

□ 检查点火线圈与火花塞套接部位橡胶有无损坏、老化、裂纹、烧蚀、锈蚀状况，若有，则应更换为新的点火线圈

检查结果：__________

____

采取措施：__________

____

□ 选用高压气枪，连接吹气枪和压缩空气管路，依次吹拂火花塞安装孔，将安装孔中的污物吹出，防止污物掉入气缸中

□ 安装各个火花塞至标准扭矩值 20N•m

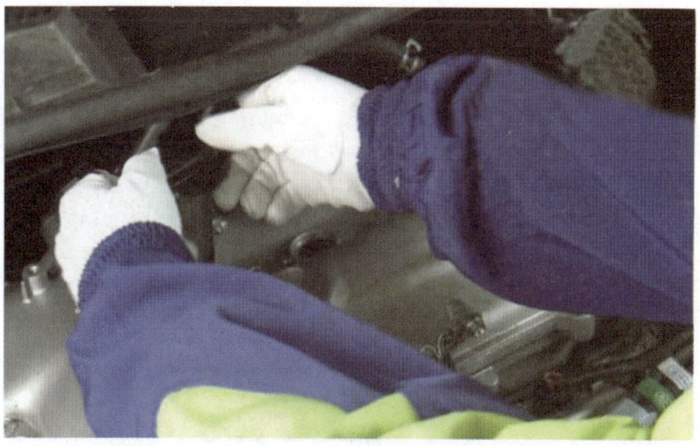

□ 点火线圈放入时，应先对正火花塞头部套接部位

□ 再对准点火线圈总成螺孔，然后垂直压入点火线圈总成

□ 压入点火线圈时，应感觉到由松到紧再由紧到松，手要完全按下，直到不能再按下时为止

□ 依次安装点火线圈固定螺栓，使用扭力扳手拧紧点火线圈固定螺栓至标准扭矩值 10N•m

安装点火线圈时，不要损坏发动机缸盖罩开口上的火花塞盖或火花塞套管顶部边缘。

□ 插接点火线圈线束插接器，确认听到锁止到位的“咔嗒”声，并检查锁止是否可靠

□ 安装发动机装饰罩

（4）检修性能

□ 起动发动机，观察怠速运转稳定性和加速情况，观察发动机响应性，若表现正常，则故障排除

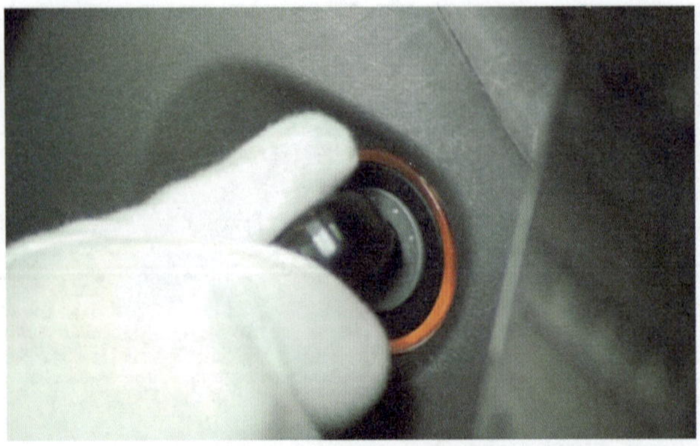

☐ 若故障仍然存在，采用替换实验法将新的点火线圈安装后，再次查看车辆起动情况

☐ 如果车辆仍存在怠速抖动，说明点火线圈没有故障，需要继续检查 ECU；否则则为点火线圈故障，安装新的点火线圈即可

测试结果：__________

____

采取措施：__________

____

（5）整理工位

☐ 用软布擦拭车辆外车身，清洁车身脏尘，避免车身留下刮痕

☐ 整理所使用的工具、量具、实训设备，用软布擦拭工量具表面脏尘，做好工量具与相关设备的维护工作

☐ 清扫实训工位地面，清除地面油污、废料、尘土，保持地面干净、整洁

6. 任务评价

认真填写“实训项目工单”。

实训项目工单

姓名		故障车型		行驶里程	
完成时间				成绩	
项目名称	点火系统检修				
项目重难点	掌握汽车点火系统的主要部件检修内容 能正确、规范地进行汽车点火系统的检修操作流程				

任务准备

必要的理论知识要点	1. 概述汽车点火系统的功用 ______ ______ 2. 汽车点火系统由哪些部件组成？找出各部件实际安装位置 ______ ______
所涉及实训工具	

任务反馈

	检查项目	正常打 √，异常打 ×	异常原因分析（主要）
分项检查操作情况	步骤 1	□ 前期基本检查到位	关键部位检查缺失
	步骤 2	□ 能正确选用工具	工具选用错误
	步骤 3	□ 能规范地拆卸点火线圈	拆装操作不规范
	步骤 4	□ 能规范地拆卸火花塞	拆装操作不规范
	步骤 5	□ 能正确完成高压试火操作作业	操作不规范，存在安全隐患
	步骤 6	□ 清洁火花塞积炭	操作不规范
	步骤 7	□ 检查火花塞密封垫圈	检修项目不全面，有缺失
	步骤 8	□ 对点火线圈检查规范，项目到位	检修项目不全面，有缺失
	步骤 9	□ 能正确安装点火系统各部件	组装顺序不正确、得当
	步骤 10	□ 能正确使用各拆装工具	操作方法错误
归纳该项目操作要点	在进行“高压试火”操作时，应注意哪些操作要点？（写出 3 条以上） ______ ______		

任务评价

	项目	得分	项目	得分
学生自我评价（40%）	A：任务实施 10 分		D：小组协作 10 分	
	B：课堂纪律 10 分		E：安全操作 10 分	
	C：质量反馈 10 分		F：7S 应用 10 分	
	您认为该改善的项目是______		您的得分：______	

（续）

小组评价 （30%）	□ 优秀（90 ～ 100 分）　□ 良好（81 ～ 89 分） □ 及格（60 ～ 80 分）　□ 不合格（60 分以下）　您的得分：________
实训小结 （10%） （学生填写）	（说说自身的收获）　您的得分：________ ________________ ________________
教师点评 （20%）	（对你的课堂表现）　您的得分：________ ________________ ________________
总分	
你知道吗？ 	在日常汽车维修过程中，汽车点火系统的故障往往会造成汽车难起动、汽车怠速抖动、汽车加速无力等三大问题。在整个汽车修理作业中，点火系统的检修占到 13%~15%，是汽车维修岗位必备的一项技能。 因此，掌握点火系统的检修技术（即点火系统检测流程与部件拆装技能），能为以后更好地胜任汽车维修岗位（汽车维修工、汽车电工等）的工作打下坚实的基础。

拓展迁移

1. 模拟相似故障，根据所学知识，排除大众帕萨特轿车点火系统的故障。

2. 结合实车，观察丰田卡罗拉轿车的点火系统与大众帕萨特轿车的点火系统有什么不同。**（提示：可以从部件安装位置、控制过程等方面来考虑）**

项目二 燃油供给系统检修

学习目标

1. 能说出汽车燃油供给系统的作用、部件组成及各部件实际安装位置。
2. 能正确记录汽车燃油供给系统主要部件检修的内容要点。
3. 能规范完成汽车燃油供给系统的检修操作流程。
4. 能自觉养成 7S 自主管理的行业习惯。

项目导读

燃油供给系统检修是汽车检修的典型项目之一。燃油品质、车辆使用年限、行驶里程等因素，都会使汽车燃油供给系统产生故障，导致车辆油耗过高、怠速抖动。遇到此类问题，作为汽车维修工，应事先对汽车燃油供给系统的作用、结构组成、工作过程等基础知识有一定的认识，掌握一些维修工具的名称及使用方法，并按照科学的检修流程排除故障。

学时建议

建议安排 5 学时。其中，燃油供给系统检修的操作流程（任务实施环节）是教学重点，也是教学难点，建议安排 3 学时。

资料收集

思考：汽车燃油供给系统有什么作用？该系统由哪些部件组成？在检修过程中，需要哪些工具？

1. 利用相关网站

在地址栏中输入 http://www.zjve.cn/，单击“Enter”按钮访问，显示“职业教育资源网”网页界面，并找到左上角的“用户登录”，先进行注册，建立用户名与密码，再重新登录。最后，找到“汽车运用与维修专业”资源库图片进入即可，也可以在“专业资源”栏目内，找到“汽修”栏目，进行资源查找。

职业教育资源网首页

你知道吗？说说以下工具的名称。

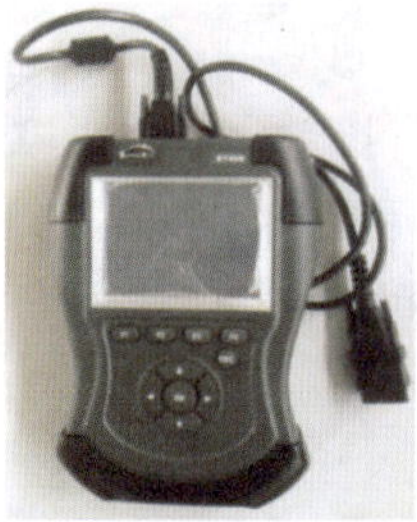

____

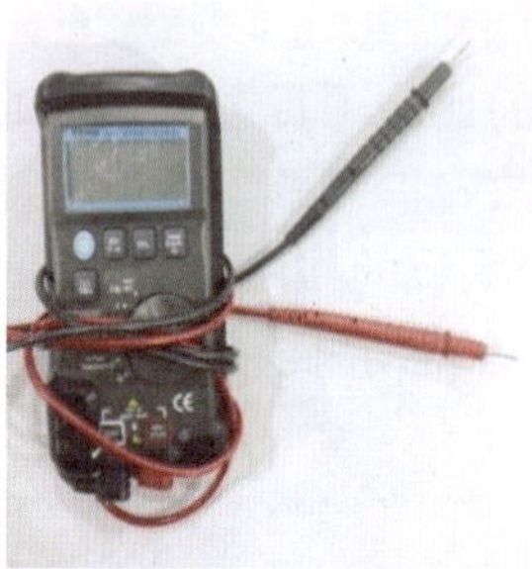

____

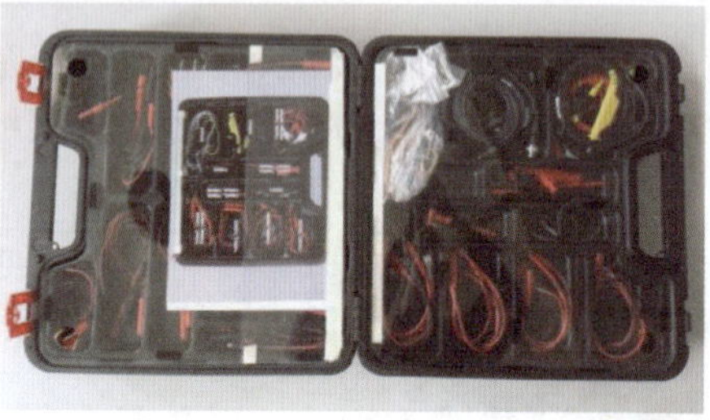

____

2. 教学实施准备

汽车发动机实训室布置图

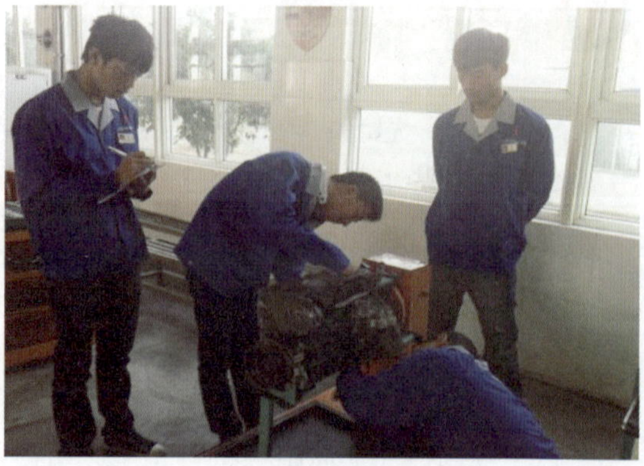

7S 实训管理风采：分工协作

活动展开

1. 问题情境

一辆2011年生产的丰田卡罗拉1.6AT故障轿车，行驶里程115545km，车主反映汽车起动不顺畅，发动机动转抖动现象严重，车子在急加速时容易熄火，你能帮助他解决这些问题吗？

试车后，发现汽车起动机能正常运转，但加速无力，急加速熄火，初步检查点火系统工作情况正常，需要进一步检查。

导致汽车“急加速熄火”的原因有哪些？

____

____

____

____

2. 任务准备

（1）信息登记

对照“实训项目工单”，记录维修车辆基本信息。

（2）外观检查

检查并登记车辆使用状况（车身外观情况、燃油情况等），标注：

○ 刮花

× 凹痕、划痕

△ 裂纹

（在车辆相应的部位，标记相应符号）

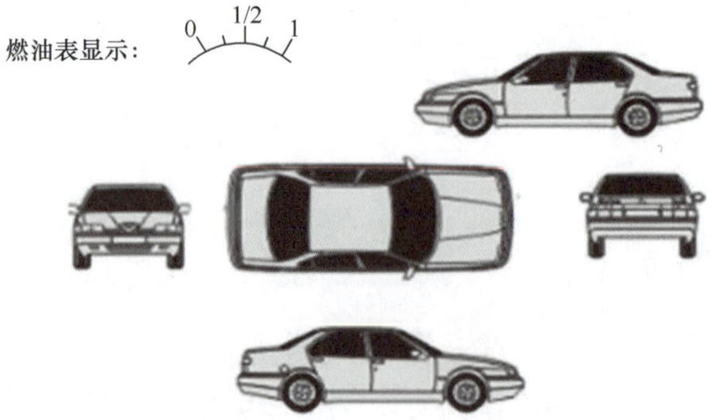

（3）进入工位

进入工位，我们应该做好以下工作：

□ 穿好工作服

□ 维修安全自检

□ 准备所涉及的维修工具

□ 调试举升机

□ 整顿设备仪器摆放

（待完成后，在相应方框内打√）

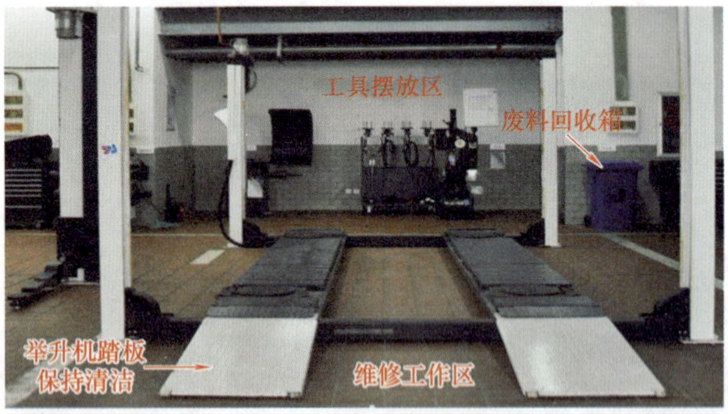

3. 查询故障

（1）基本检查

□ 挂入 P 位

□ 拉起驻车制动器，使车辆处于静止状态

□ 打开发动机舱盖，并安装车辆挡块、左右翼子板布、前格栅布

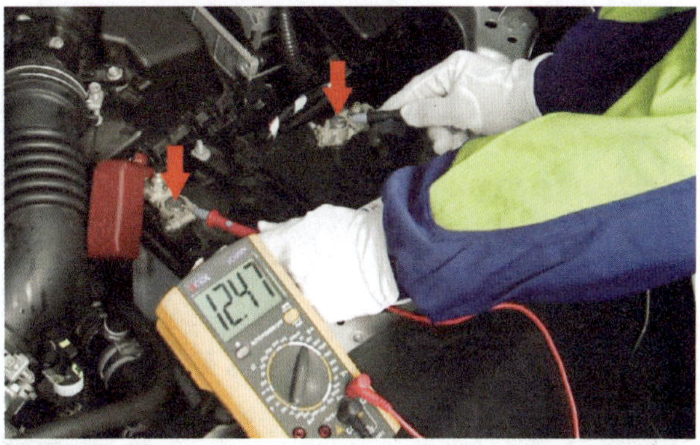

□ 检查蓄电池的工作情况（外观、接线柱、电压值等）

各线束检查：______________

蓄电池电压值：______________

各液位高度：______________

____

____

____

（2）读取故障码

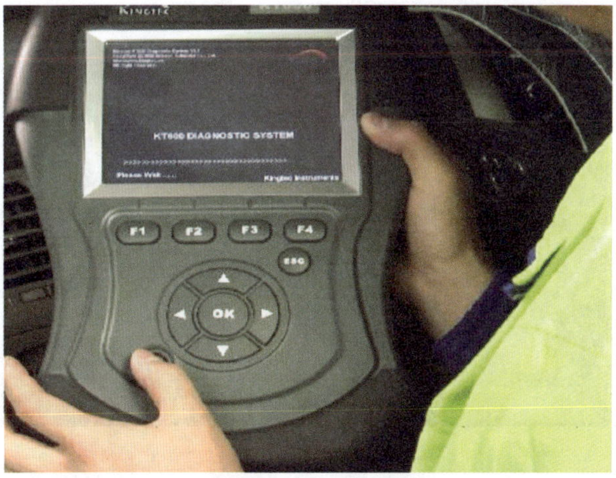

□ 打开车辆诊断接口盖，将汽车智能诊断仪 KT600 连接到车辆故障诊断接口 OBD

（注意选用正确诊断接头）

□ 待连接好后，将点火开关置于 ON 位置

□ 按下汽车智能诊断仪 KT600 电源键

□ 根据车型信息，选择正确的车型品牌及型号

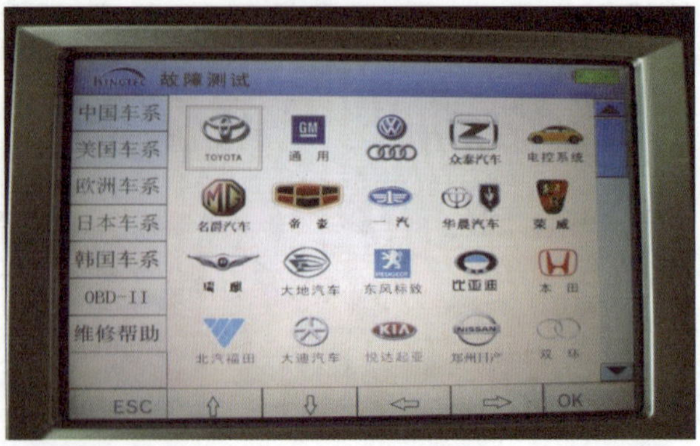

□ 选择正确的诊断接头

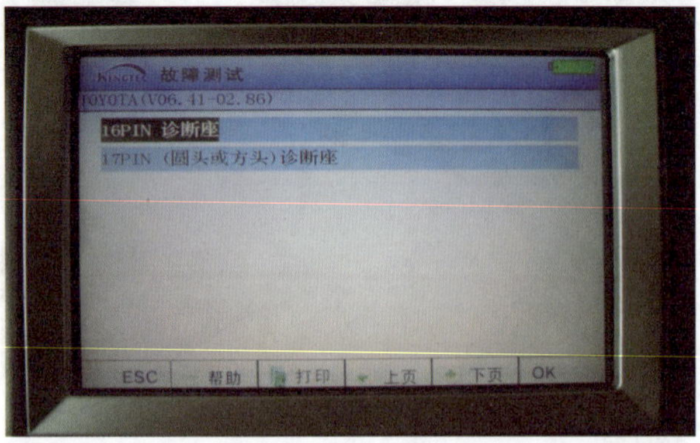

□ 选择“发动机和变速器系统”命令

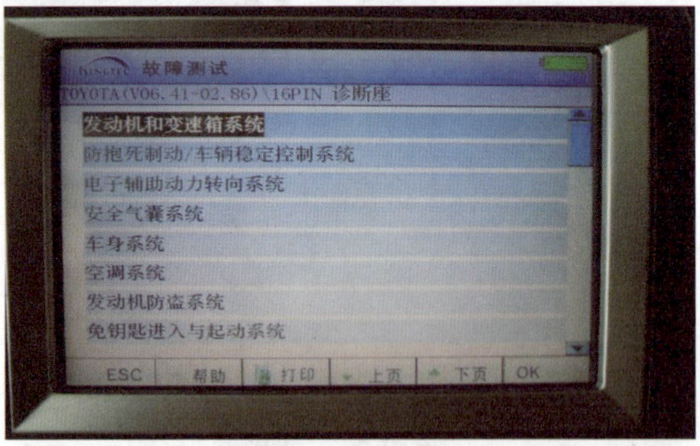

□ 选择“动作测试”命令，进行断油测试

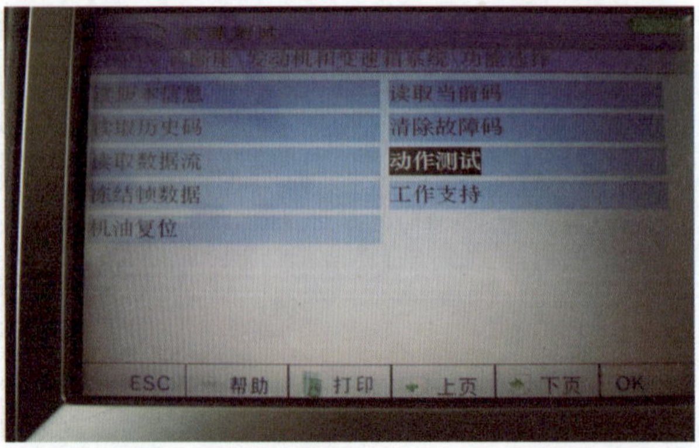

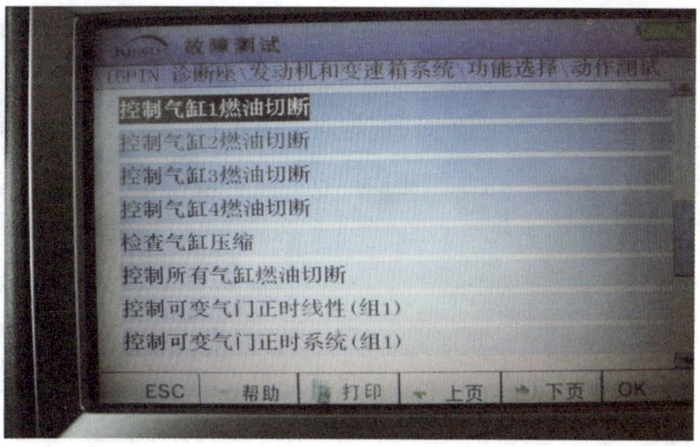

□ 起动发动机，保持怠速运转状态

□ 依次选择各指令，对各缸燃油依次进行切断供油测试，检查各缸喷油器工作情况

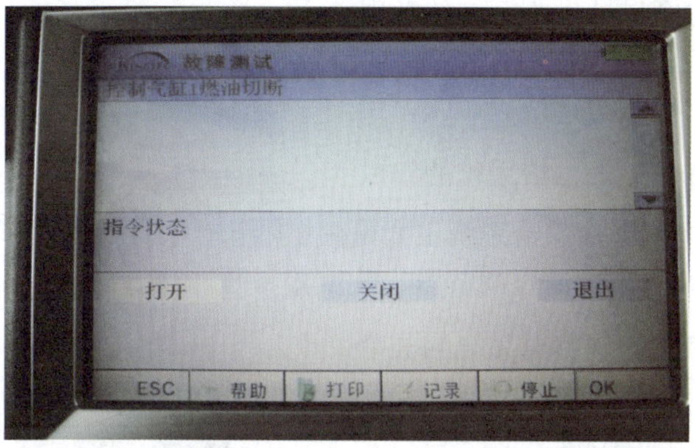

□ 打开各缸切断燃油供给命令选项，观察发动机转速值是否存在变化

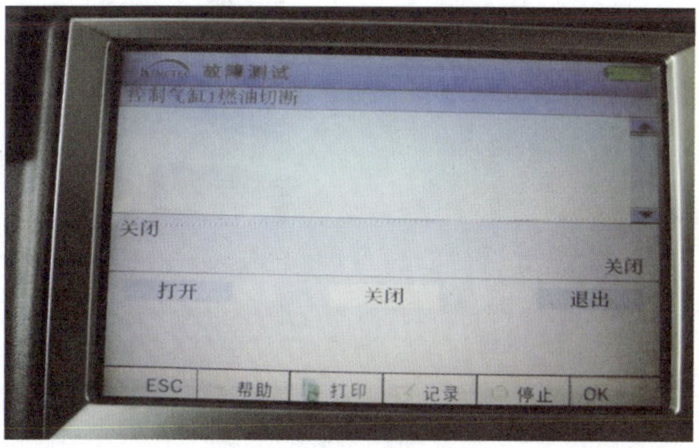

□ 关闭各缸燃油供给的切断命令选项

□ 观察发动机怠速时转速变化状况

测试结果：____________________

采取措施：____________________

____

____

□ 退出诊断系统，返回原始界面

4. 知识链接

（1）汽车燃油供给系统的功用

汽车燃油供给系统的功用是向发动机各个气缸适时供给混合气，以保证燃烧。

（2）汽车燃油供给系统的组成

汽车燃油供给系统主要是由燃油箱、电动燃油泵、输油管、燃油滤清器、油压调节器、喷油器和回油管等部件组成。

（3）汽车燃油喷射系统的类型

汽车燃油喷射系统按喷油器数量可分为单点式喷射与多点式喷射。如右图所示，单点式汽油喷射系统在节气门处设一个或多个喷油嘴。

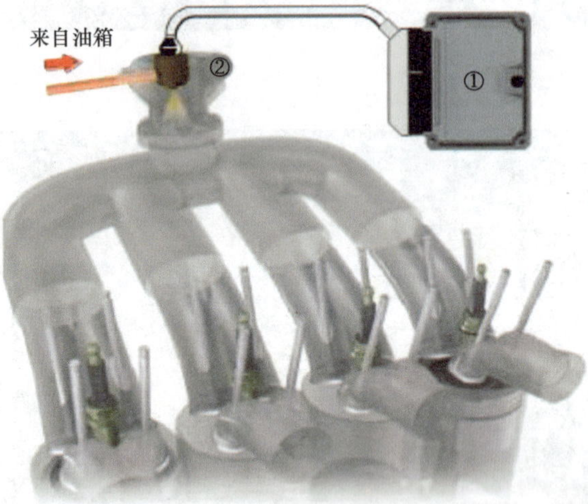

单点式汽车燃油喷射系统

多点式汽车燃油喷射系统在每个进气歧管处的进气门前方各设一个喷油嘴，如右图所示。

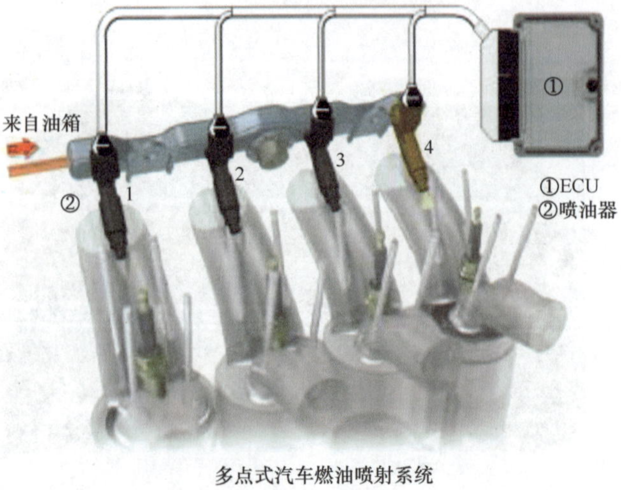

多点式汽车燃油喷射系统

（4）汽车喷油器的控制过程

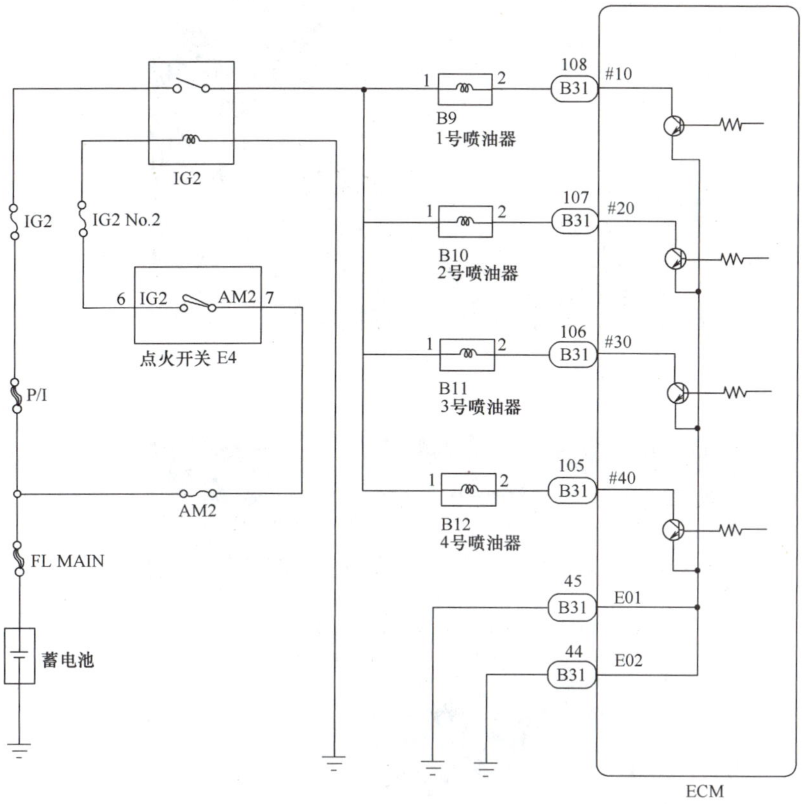

① 当点火开关位于 ON 时，控制过程为蓄电池电压→ FL 主熔丝→点火开关→ 2 号 IG2 熔丝→ IG2 继电器线圈（触点闭合）。

② 蓄电池电压→ FL 主熔丝→ IG2 熔丝→ IG2 继电器触点→ 1 号、2 号、3 号、4 号喷油器的 1 脚，喷油器的 2 脚下受 ECM 控制，ECM 发出电脉冲给喷油器的线圈，控制针阀上下工作。

5. 任务实施

（1）检修线路

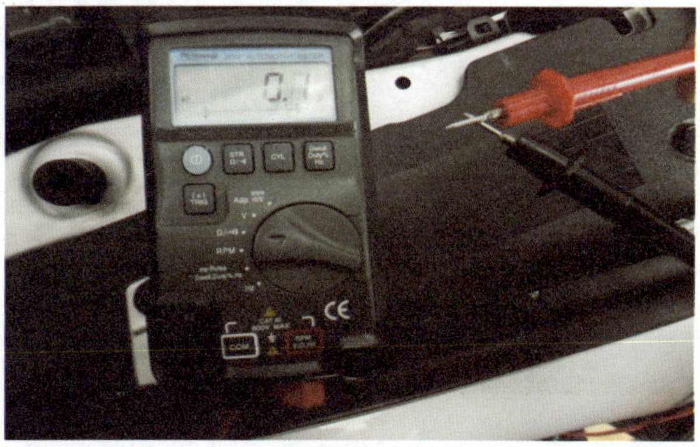

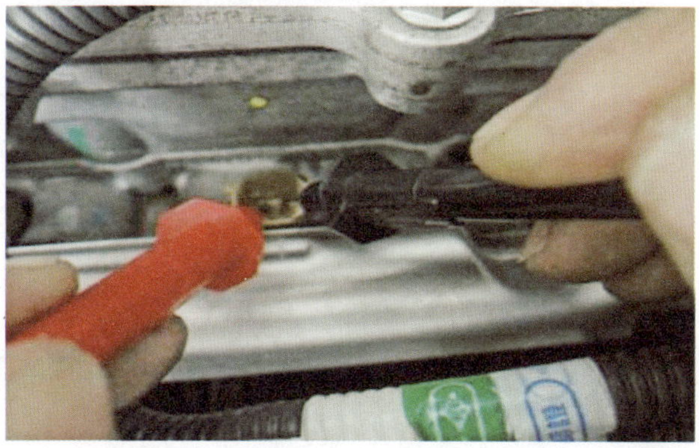

□ 数字万用表在使用前，应对其进行校零

□ 拆卸各个喷油器的线束插接器

□ 用万用表测量喷油器的两个端子间的电阻值：在 20℃时应为 11.6~12.4 Ω

测试结果：________________

采取措施：________

____

____

□ 用万用表测量喷油器供电电压值

电压检测	开关	规定值
B9-1 至车身搭铁	点火开关置于 ON 位置	9~14V
B10-1 至车身搭铁		9~14V
B11-1 至车身搭铁		9~14V
B12-1 至车身搭铁		9~14V

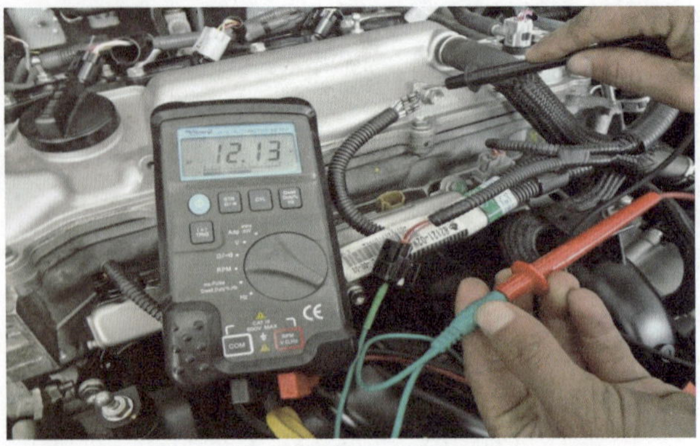

测试结果：________

____

____

□ 断开喷油器总成插接器和蓄电池负极端子，再断开 ECM 插接器，测量喷油器插接器端子间与 ECM 端子之间的通断情况

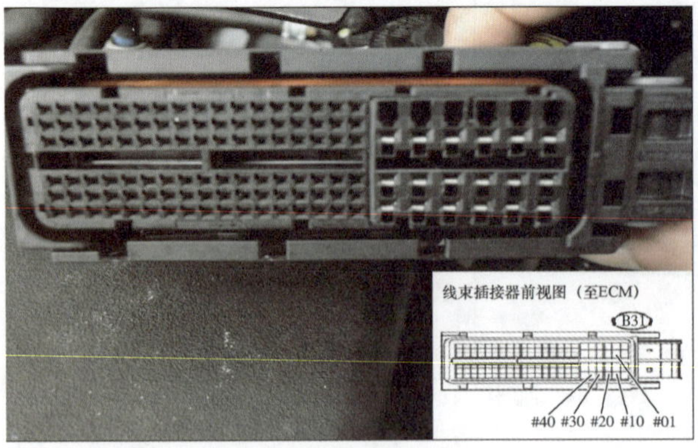

短路检测	条件	规定值
B9-2 或 B31-108 至车身搭铁	始终	≥ 100000Ω
B10-2 或 B31-107 至车身搭铁		≥ 100000Ω
B11-2 或 B31-106 至车身搭铁		≥ 100000Ω
B12-2 或 B31-105 至车身搭铁		≥ 100000Ω

断路检测	条件	规定值
B9-2 至 B31-108（#10）	始终	< 1Ω
B10-2 至 B31-107（#20）		< 1Ω
B11-2 至 B31-106（#30）		< 1Ω
B12-2 至 B31-105（#40）		< 1Ω

测试结果：________

____

____

□ 正确断开发动机控制模块 ECM 的插接器

□ 检查发动机控制模块 ECM 的工作情况

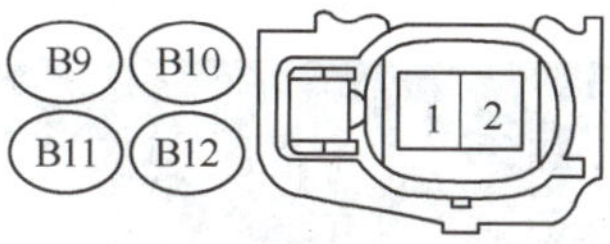

电压检测	开关	规定值
B31-108（#10）至 B31-45	点火开关置于 ON 位置	11~14V
B31-107（#20）至 B31-45		
B31-106（#30）至 B31-45		
B31-105（#40）至 B31-45		

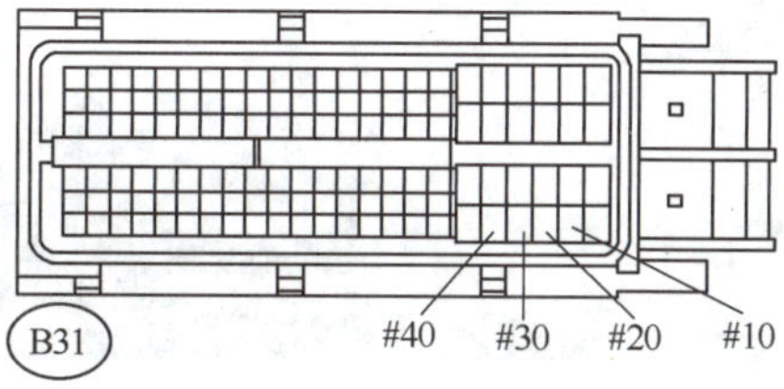

测量结果：__________

____

____

（2）检修喷油器

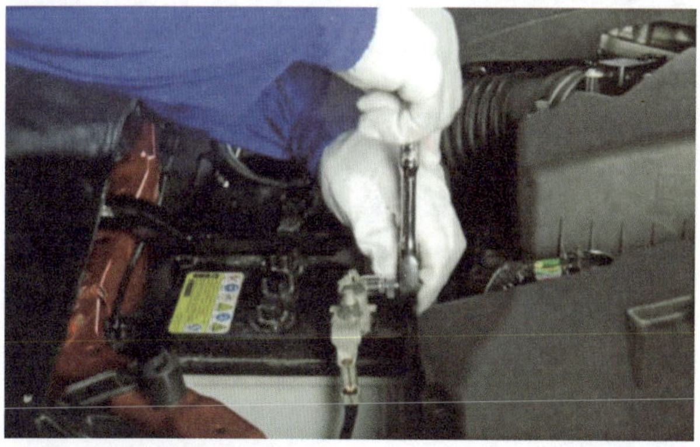

□ 拆卸蓄电池负极端子。对燃油系统进行操作时，严禁吸烟或靠近明火。拆卸时，不要让工具与蓄电池正极碰到，以防短路损坏用电设备

拆卸任何燃油系统零件之前，要进行系统泄压。方法是先拆下后排座椅垫总成，再拆下后地板检修孔盖，从燃油泵总成上断开插接器，起动发动机，在发动机自然停止后，将点火开关置于 OFF 位置。

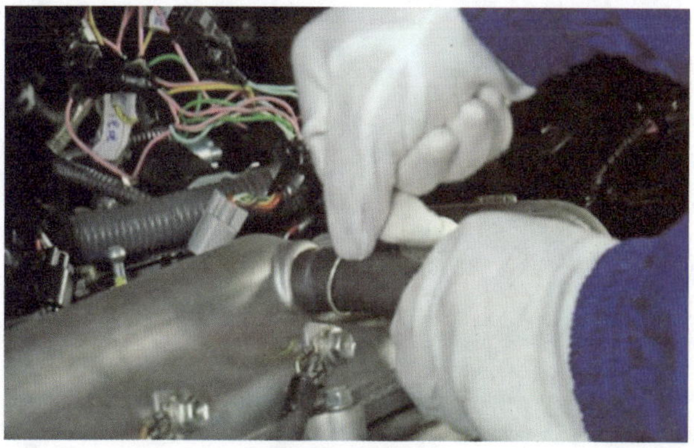

□ 将卡箍移出阻挡位置，分离曲轴箱通风软管

□ 拆卸搭铁螺栓，检查搭铁螺母是否安装牢固可靠

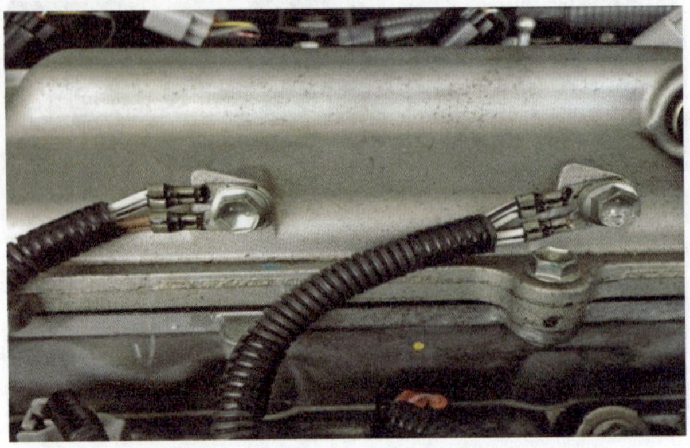

□ 用工具拆卸两个搭铁螺母

□ 依次断开四个喷油器线束插接器

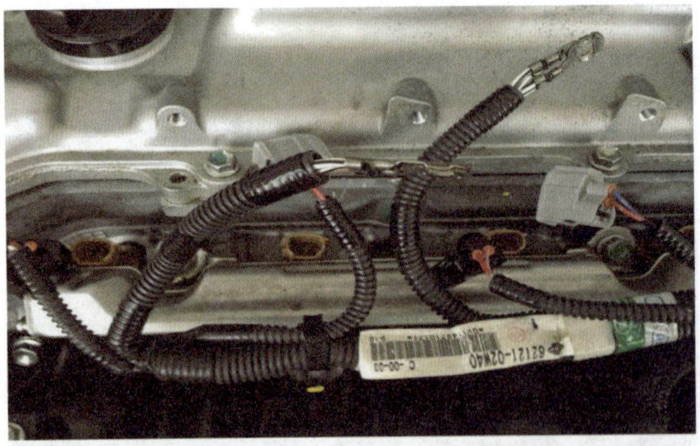

□ 拆下输油管线束支架，并拆下输油管的两个固定螺栓，取下输油管和两个输油管垫片

☐ 拆下燃油管卡夹，并根据维修手册正确使用专用工具，并在听到“咔”声后，脱开油管

☐ 从燃油输油管中依次取下四个喷油器，并在喷油器上按顺序进行编号

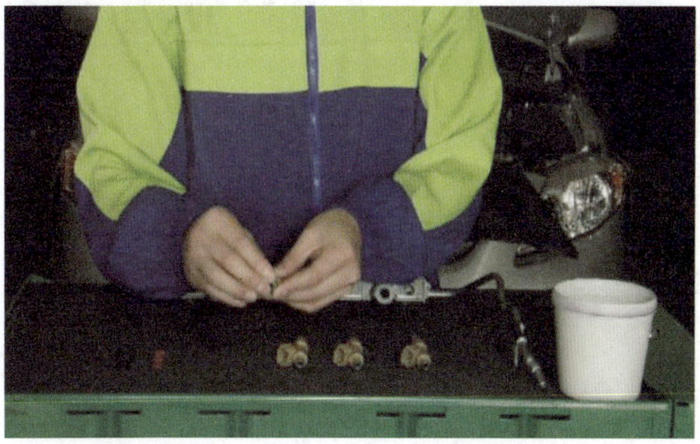

☐ 检查喷油器的进油孔是否发生堵塞，若已堵塞，则说明喷油器有故障，须更换新件

检查结果：
____

采取措施：__________
____

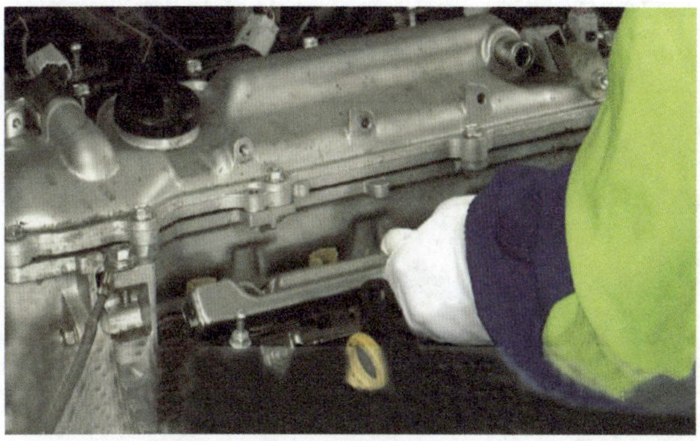

☐ 取下喷油器安装孔上的遮挡布，并以正确方向将两个输油管隔垫安装到气缸盖上

□ 安装输油管及喷油器时，为防止喷油器隔振垫掉落，在O形圈上涂润滑脂，喷油器对准安装孔后，保持平稳，慢慢放入

□ 根据维修手册，调整扭力扳手的扭矩至规定扭矩值21N•m，然后紧固输油管线束支架固定螺栓

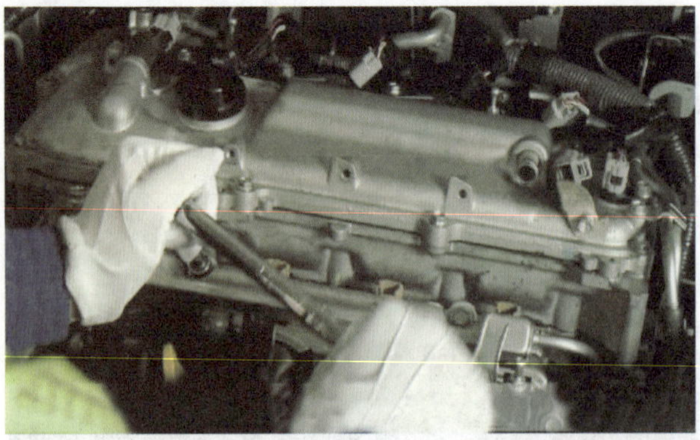

□ 将燃油管插接器插入输油管，直到听到“咔嗒”声，并安装新的燃油管卡夹

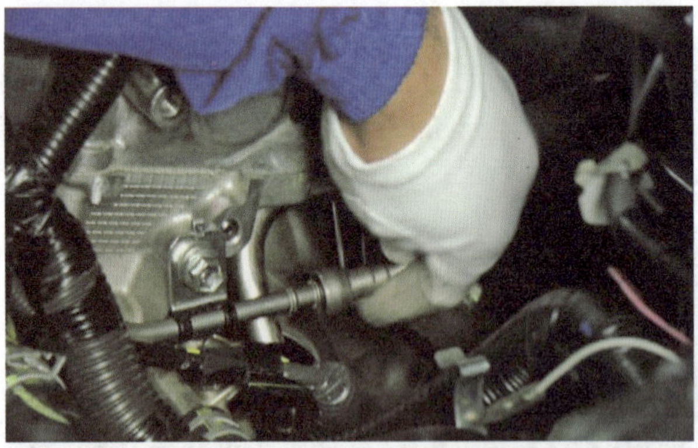

□ 使用扭力扳手以规定扭矩值依次安装发动机线束的两个固定支架

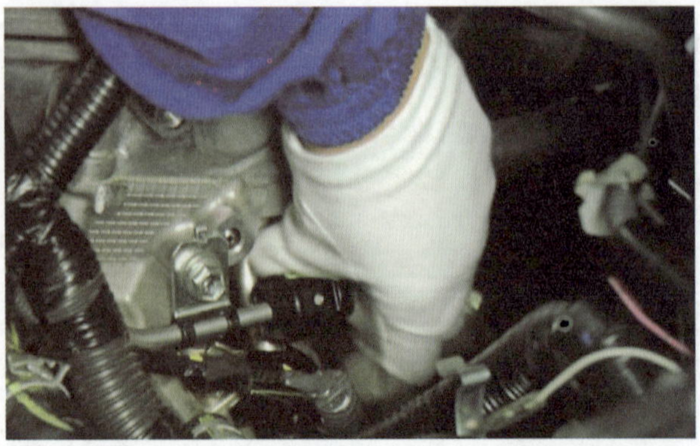

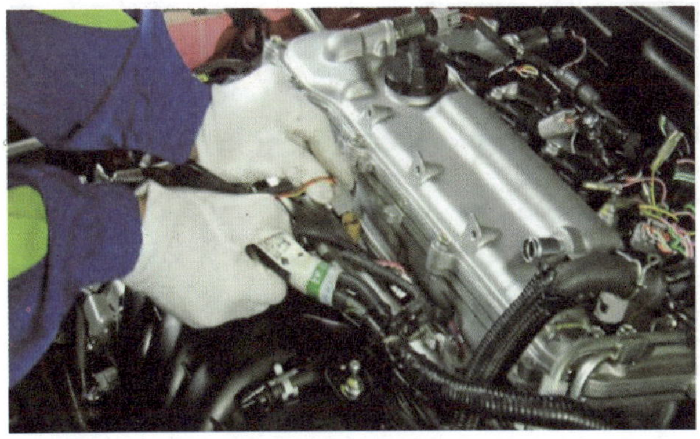

☐ 依次连接四个喷油器总成的插接器，确保连接牢固

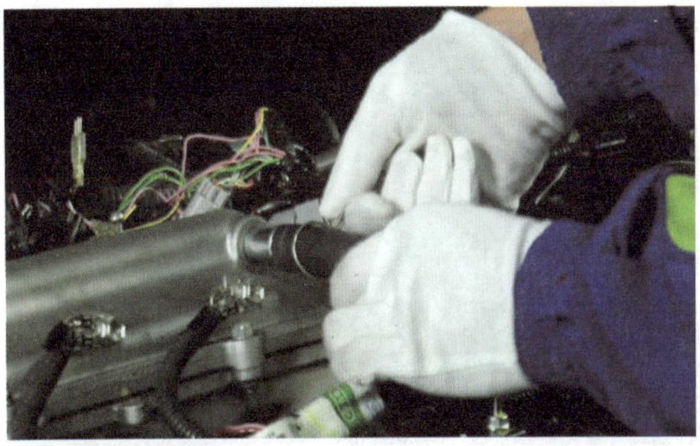

☐ 连接气门室通风软管，将卡箍安装到正确的位置

☐ 连接喷油器连接线束（搭铁）固定螺母至标准扭矩值 10 N•m

☐ 连接蓄电池负极电缆，并使用扭力扳手扭至规定扭矩 10N•m

（3）性能检测

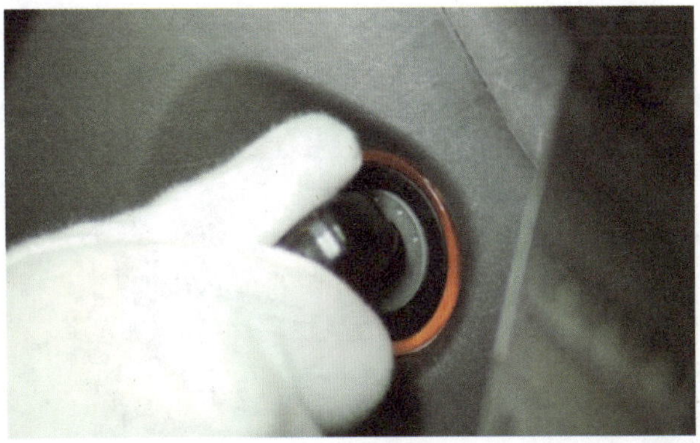

☐ 燃油系统工作测试。检查档位是否处于 P 位或 N 位，驻车制动器是否处于制动状态。起动发动机，保持怠速运转 1~2min 后，关闭点火开关

□ 观察发动机转速变化，并进行加速测试

□ 检查输油总管和发动机主油软管的连接处有无燃油泄漏，检查喷油器安装位置有无燃油泄漏，若有燃油泄漏，则必须更换相应密封圈

测试结果：

____

采取措施：__________

____

□ 安装发动机装饰罩

（4）工位整理

□ 用软布擦拭车辆外车身，清洁车身脏尘，避免车身留下刮痕

□ 整理所使用的工具、量具、实训设备，用软布擦拭工量具表面脏尘，做好工量具与相关设备的维护工作

□ 清扫实训工位地面，清除地面油污、废料、尘土，保持地面干净、整洁

6. 任务评价

认真填写“实训项目工单”。

实训项目工单

<table>
<tr><td>姓名</td><td></td><td>故障车型</td><td></td><td>行驶里程</td><td></td></tr>
<tr><td>完成时间</td><td colspan="3"></td><td>成绩</td><td></td></tr>
<tr><td>项目名称</td><td colspan="5">燃油供给系统检修</td></tr>
<tr><td>任务目的</td><td colspan="5">掌握汽车燃油供给系统主要部件检修内容
能正确、规范地进行汽车燃油供给系统的检修操作流程</td></tr>
<tr><td colspan="6">任务准备</td></tr>
<tr><td>必要的理论知识要点</td><td colspan="5">1. 概述汽车燃油供给系统的功用

2. 汽车燃油供给系统由哪些部件组成？找出各部件实际安装位置

</td></tr>
<tr><td>所涉及实训工具</td><td colspan="5"></td></tr>
<tr><td colspan="6">任务反馈</td></tr>
<tr><td rowspan="5">分项检查操作情况</td><td>检查项目</td><td colspan="2">正常打√，异常打×</td><td colspan="2">异常原因分析（主要）</td></tr>
<tr><td>步骤 1</td><td colspan="2">□ 前期基本检查到位</td><td colspan="2">关键部位检查缺失</td></tr>
<tr><td>步骤 2</td><td colspan="2">□ 能正确选用工具</td><td colspan="2">工具选用错误</td></tr>
<tr><td>步骤 3</td><td colspan="2">□ 能进行“模拟断油”操作测试</td><td colspan="2">顺序错误，操作不规范</td></tr>
<tr><td>步骤 4</td><td colspan="2">□ 能正确完成燃油压力卸压操作</td><td colspan="2">操作不规范，存在安全隐患</td></tr>
</table>

（续）

	检查项目	正常打√，异常打×	异常原因分析（主要）
分项检查操作情况	步骤 5	□ 能规范拆卸燃油总成	操作不规范，存在安全隐患
	步骤 6	□ 对喷油器检测规范，项目到位	检修项目不全面，存在缺失
	步骤 7	□ 能正确拆卸喷油器	操作不规范
	步骤 8	□ 能正确检修喷油器	检查项目不全面，存在缺失
	步骤 9	□ 能正确安装、更换燃油供给系统各部件	组装顺序不正确、得当
	步骤 10	□ 能正确使用各拆装工具	操作方法错误
归纳该项目操作要点	在拆卸燃油供给总成时，应注意哪些操作要点？（写出 3 条以上） ______________________ ______________________		

任务评价

	项目	得分	项目	得分
学生自我评价（40%）	A：任务实施 10 分		D：小组协作 10 分	
	B：课堂纪律 10 分		E：安全操作 10 分	
	C：质量反馈 10 分		F：7S 应用 10 分	
	您认为该改善的项目是______________			您的得分：________
小组评价（30%）	□ 优秀（90 ～ 100 分） □ 良好（81 ～ 89 分） □ 及格（60 ～ 80 分） □ 不合格（60 分以下）			您的得分：________
实训小结（10%）（学生填写）	（说说自身的收获） ______________________ ______________________			您的得分：________
教师点评（20%）	（对你的课堂评价） ______________________ ______________________			您的得分：________
总分				
你知道吗？ 	汽车燃油供给系统的常见故障有燃油泵损坏、喷油器脏堵、燃油滤清器脏堵等。 在日常维修过程中，一般情况下首先检查油压，包括怠速时油压、加速时油压、熄火后油压，以此来判断油泵的好坏、油路是否通畅、燃滤器是否堵塞；其次，再通过拔掉喷油器的线束插头来检查喷油器的工作状况，若拔掉后发动机明显抖动，说明喷油器工作良好；反之，则说明喷油器工作不良，要拆下清洗或更换。			

拓展迁移

1. 模拟相似故障，根据所学知识，排除大众帕萨特汽车燃油供给系统的故障。

2. 结合实车，观察丰田卡罗拉轿车的燃油供给系统与大众帕萨特轿车的燃油供给系统有什么不同。**（提示：可以从部件安装位置、控制过程等方面来考虑）**

项目三 空气供给系统检修

学习目标

1. 能说出汽车空气供给系统的作用、部件组成及各部件实际安装的位置。
2. 能正确记录汽车空气供给系统主要部件检修的内容要点。
3. 能规范完成汽车空气供给系统的检修操作流程。
4. 能自觉养成 7S 自主管理的行为习惯。

项目导读

空气供给系统检修是汽车检修的典型项目之一。车辆部件老化、车辆线路破损、车辆使用年限 / 里程等因素，都会使汽车空气供给系统产生故障，导致车辆怠速不稳、加速不良。遇到此类问题，作为汽车维修工，应事先对汽车空气供给系统的作用、部件组成、工作过程等基础知识有一定的认识，掌握一些维修工具名称及使用方法，按照科学的检修流程排除故障。

学时建议

建议安排 5 学时。其中，空气供给系统检修的操作流程（任务实施环节）是教学重点，也是教学难点，建议安排 3 学时。

资料收集

思考：汽车空气供给系统有什么作用？该系统由哪些部件组成？在检修过程中，需要哪些工具？

1. 利用相关网站

对于汽车空气供给系统的相关知识学习，可以进入“汽车维修技术网（http://www.qcwxjs.com/）”网站，如下图所示。汽车维修技术网是一个为汽车维修人员提供学习汽车维修知识和汽车修理技术等专业资料的网站，不管是汽车维修新手还是汽车维修高级技师，在这里都能学到有用的知识与资料，网站包含汽车检测与维修技术、汽车发动机构造与维修、汽车电气构造与维修、汽车维修视频、汽车底盘构造与维修等方面的知识，供大家免费使用。

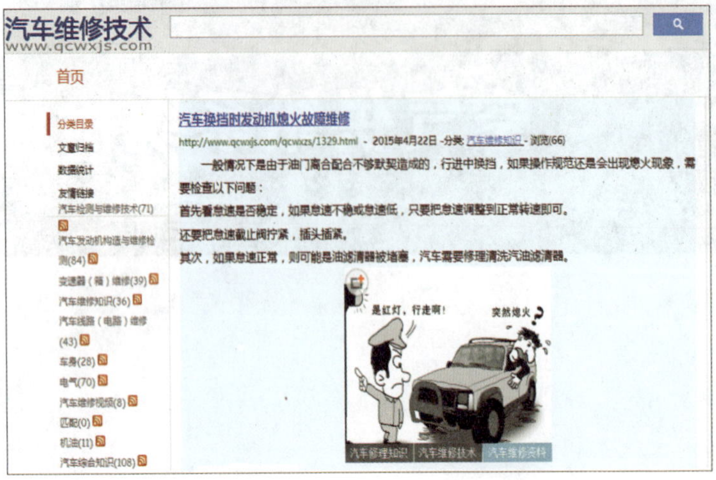

“汽车维修技术网”网站运行界面

你知道吗？说说以下工具的名称。

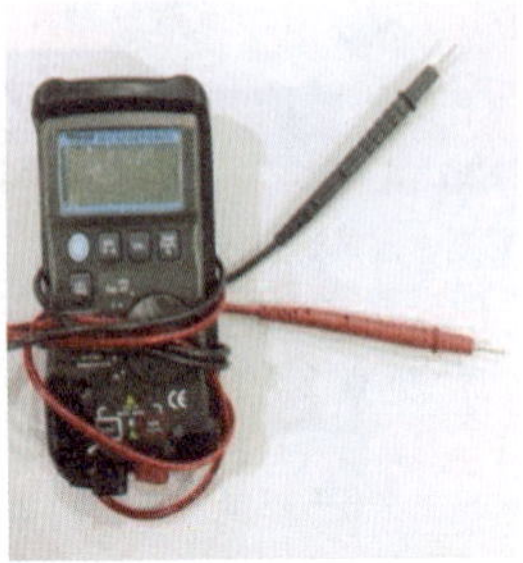

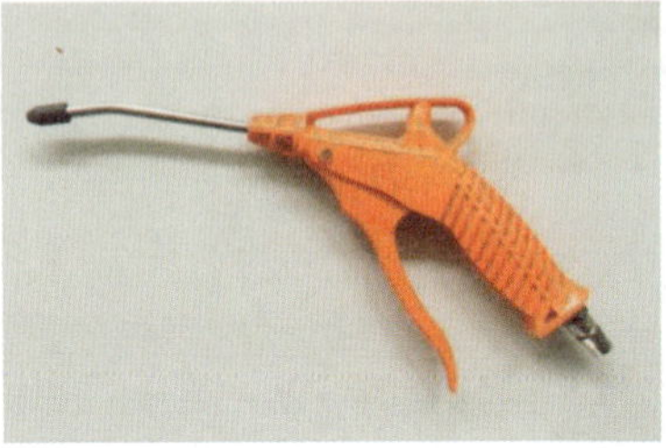

________________　　________________　　________________

2. 教学实施准备

汽车发动机实训室布置图

7S 实训管理风采：列队进车间

活动展开

1. 问题情境

一辆 2005 年生产的卡罗拉 1.6AT 汽车，行驶里程为 185256km，车主反映车辆急加速时，动力无法快速上升，有时加速踏板踩到底，动力才慢慢有所上升。你能帮助他解决问题吗？

试车后，发现汽车发动机能正常运转，怠速时有点抖动，踩下加速踏板，加速乏力，需要做进一步检查。

导致汽车发动机“加速反应慢”的原因有哪些？

____

____

____

____

2. 任务准备

（1）信息登记

对照“实训项目工单”，记录维修车辆基本信息。

（2）外观检查

检查与登记车辆使用状况（车身外观情况、燃油情况等），标注：

○ 刮花

× 凹痕、划痕

△ 裂纹

（在车辆的相应部位，标记相应符号）

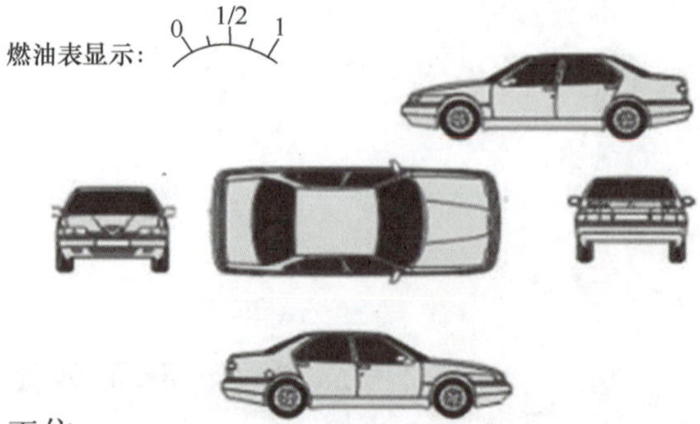

（3）进入工位

进入工位，我们应该做好以下工作：

□ 穿好工作服

□ 维修安全自检

□ 准备所涉及的维修工具

□ 调试举升机

□ 整顿设备仪器摆放

（待完成后，在相应方框内打√）

3. 查询故障

（1）基本检查

□ 挂入 P 位

□ 拉起驻车制动器，使车辆处于静止状态

（在相应方框内打√）

□ 打开发动机舱盖，并安装车辆挡块、左右翼子板布、前格栅布

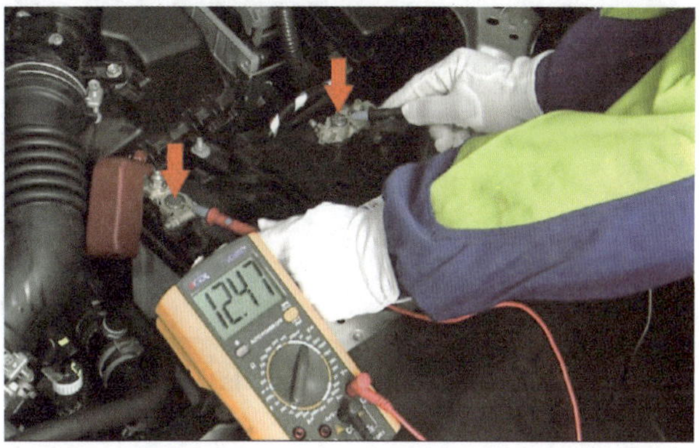

□ 检查蓄电池工作情况（外观、接线柱、电压值等）

各线束检查：________________

蓄电池电压值：______________

各液位高度：________________

____

____

____

（2）读取故障码

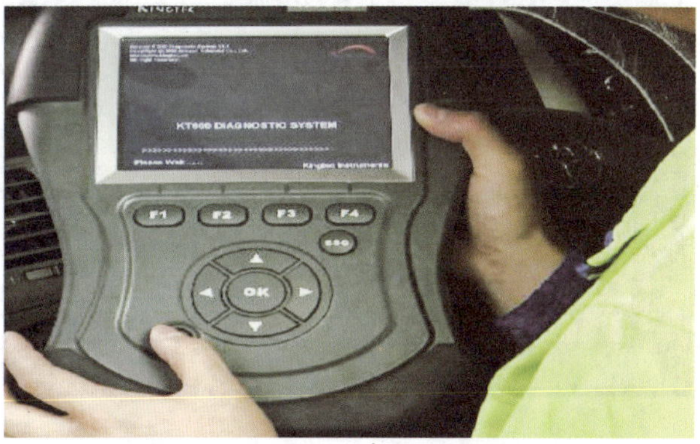

□ 打开车辆故障诊断接口盖，将汽车智能诊断仪 KT600 连接到车辆故障诊断接口 OBD

（注意选用正确诊断接头）

□ 待连接好后，将点火开关置于 ON 位置

□ 按下汽车智能诊断仪 KT600 电源键

□ 根据车辆信息，选择正确的车辆品牌及型号

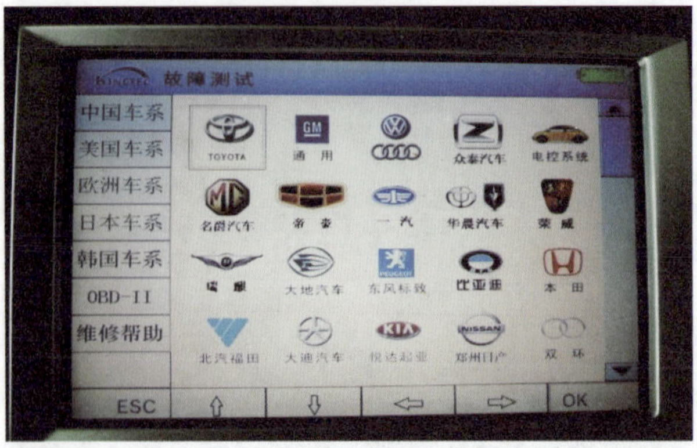

□ 选择正确的诊断座

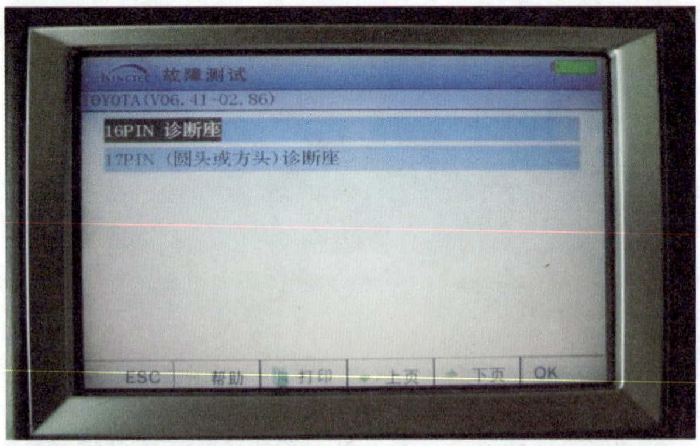

□ 选择“发动机和变速器系统”命令

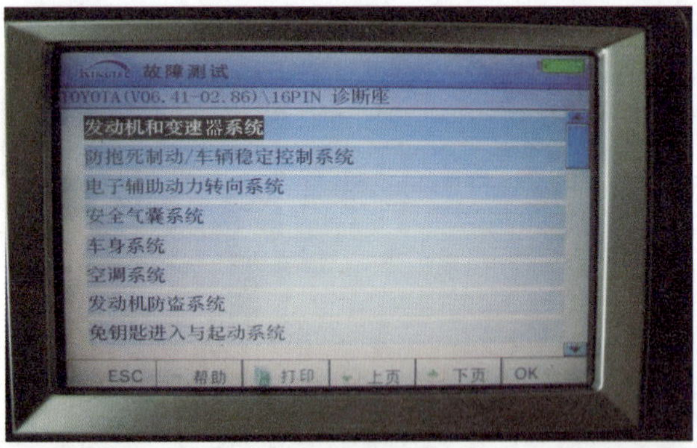

□ 选择“读取当前码”命令

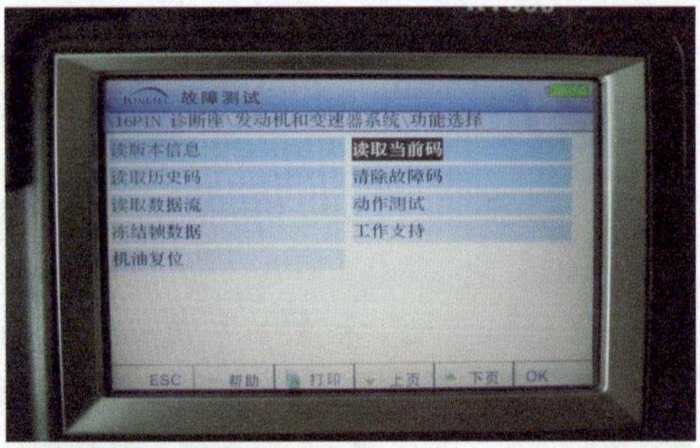

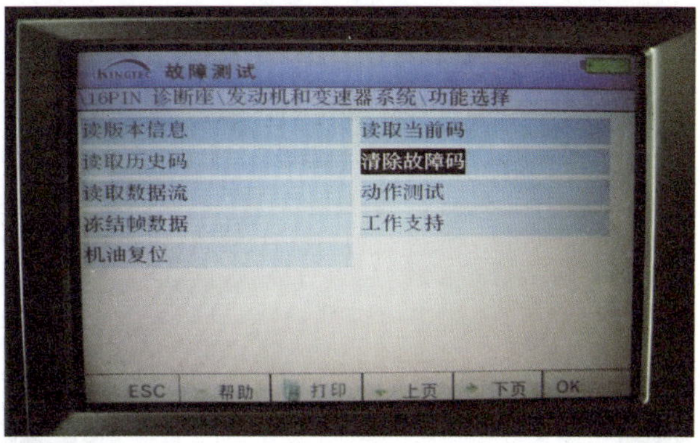

□ 选择“清除故障码”命令（历史故障码）

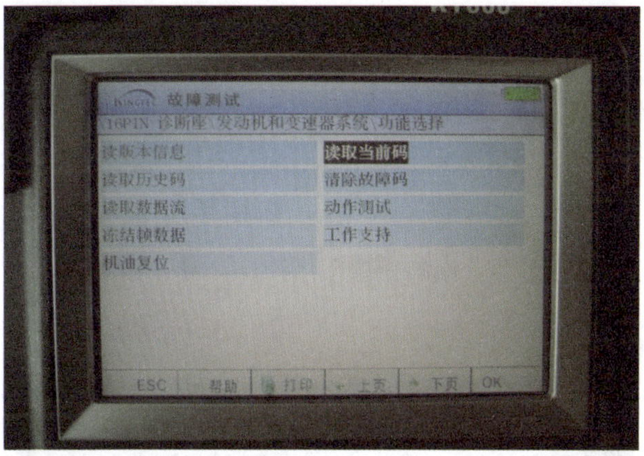

□ 起动车辆，试车停止后，再次选择“读取当前码”命令，记录故障码

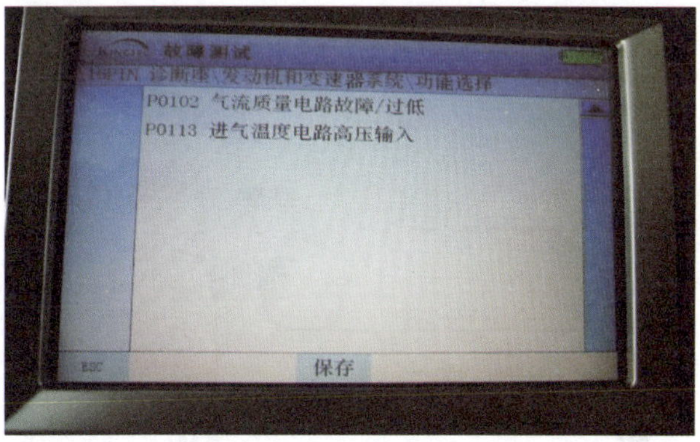

故障码：______________________

故障现象：____________________

____

____

____

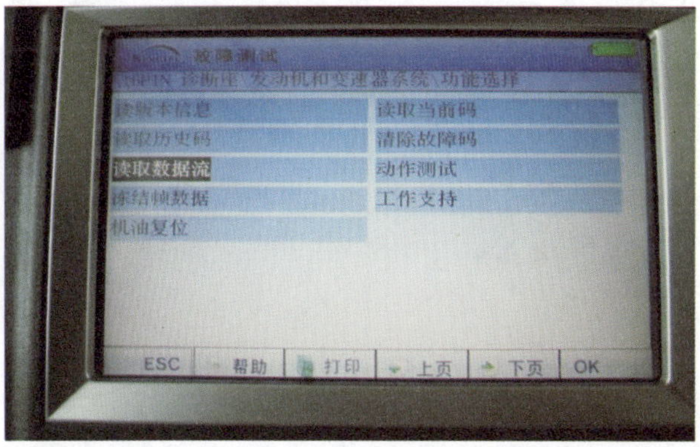

□ 关闭进气口，读取空气流量计、温度、节气门开度等数据值

□ 踩下加速踏板时，观察各数据值有无变化，记录异常数据值

读数据流：________________

分析原因：________________

____

____

____

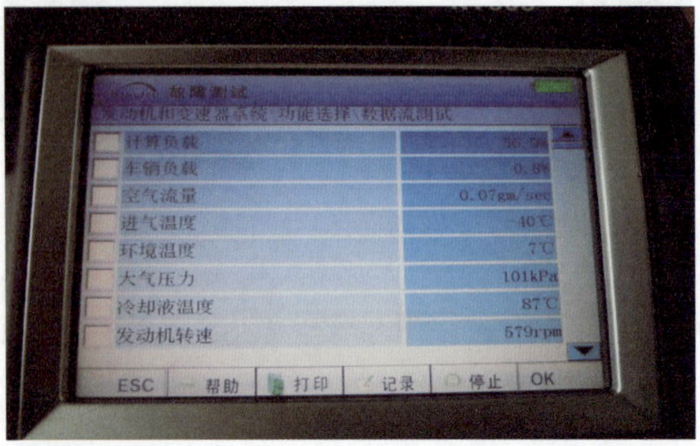

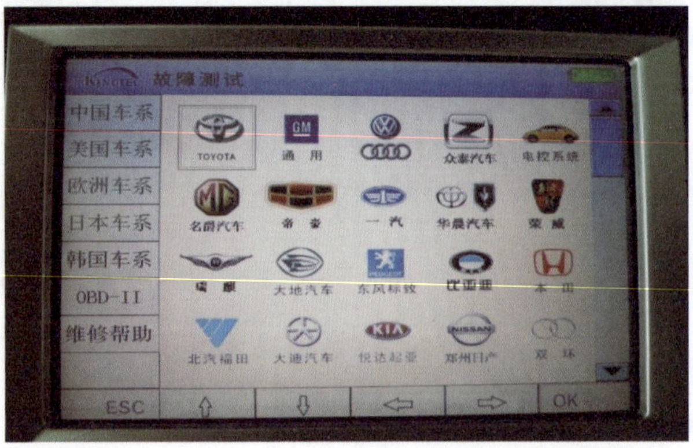

□ 退出诊断系统，返回原始界面

4. 知识链接

（1）汽车空气供给系统的功用

汽车空气供给系统的功用是向汽油机提供清洁新鲜的空气，并分配到各缸，使它们在进气管道内形成可燃混合气。

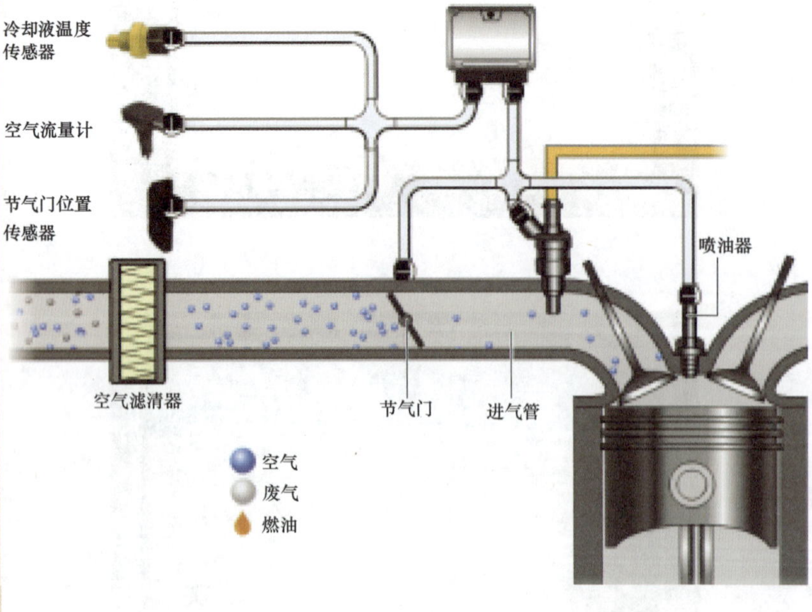

汽车空气供给系统工作示意图

（2）汽车空气供给系统的组成

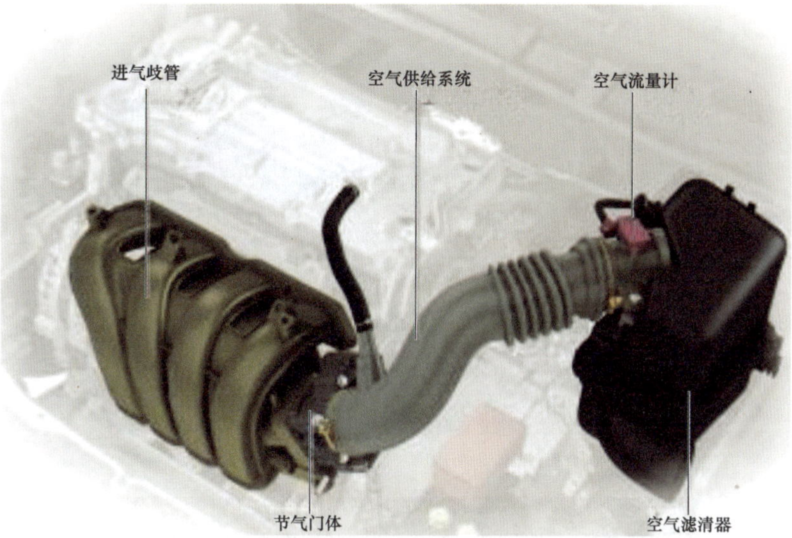

汽车空气供给系统部件组成示意图

汽车空气供给系统主要由空气流量计、进气温度传感器、进气口、节气门体、进气歧管、空气滤清器等部件组成。

（3）汽车空气供给系统各部件实际安装位置

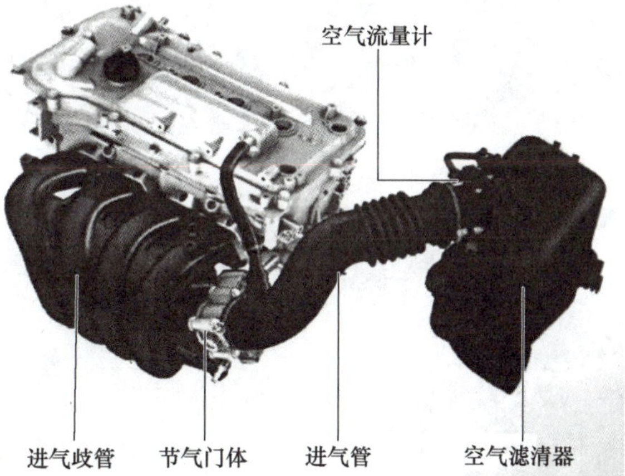

找出汽车空气供给系统各部件实际安装位置。

（4）汽车空气流量计的工作过程

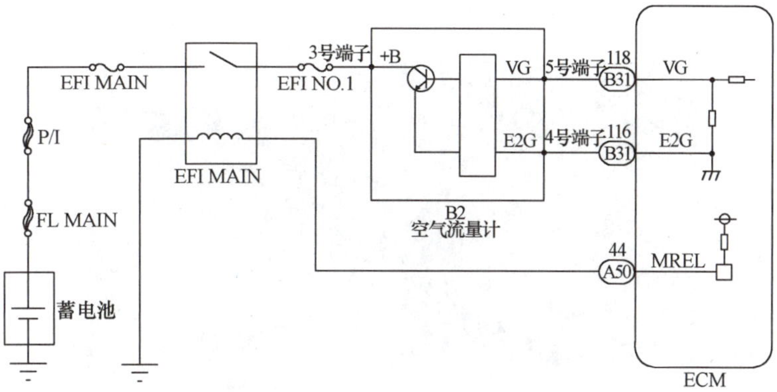

当发动机控制模块 ECM 的 44 号脚输出高电平信号时，主电喷继电器线圈通电，主电喷继电器触点闭合，蓄电池电压供电给空气流量计 B2 的 3 号、4 号接地，5 号为空气流量计输出信号脚。

5. 任务实施

（1）检修线路

□ 确认车辆周围安全，拆卸发动机防护罩

□ 找到空气流量计实际安装位置，拆卸空气流量计

□ 按下空气流量计插接器锁舌，分离空气流量计插接器

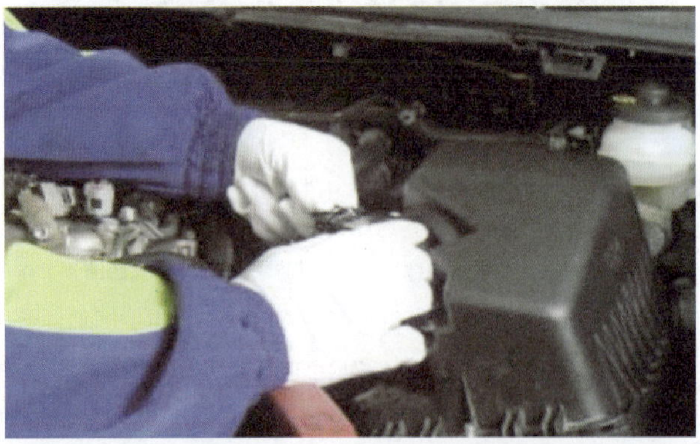

若锁止装置无法解除，则尝试一边按压锁舌一边向内推移，直至锁止装置完全解除方可拔下插接器，禁止用拉拔线束端的方式断开插接器。

□ 从发动机室继电器盒上找到 EFI No.1 熔丝实际安装位置

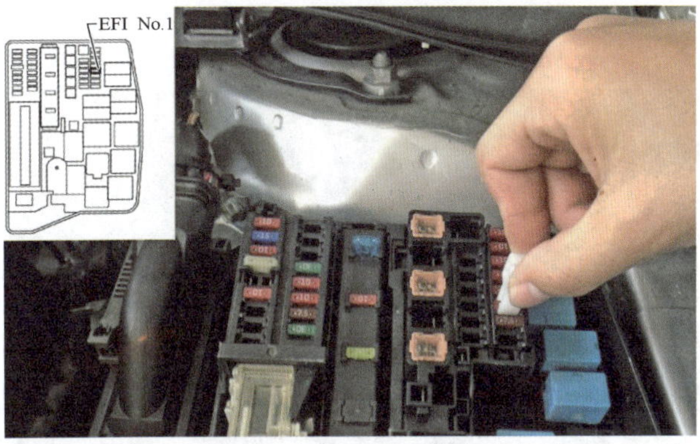

□ 从发动机室继电器盒上用专用卡夹工具拆卸 EFI No.1 熔丝，用万用表测量其电阻值

检测	条件	规定状态
EFI No.1	始终	＜1Ω

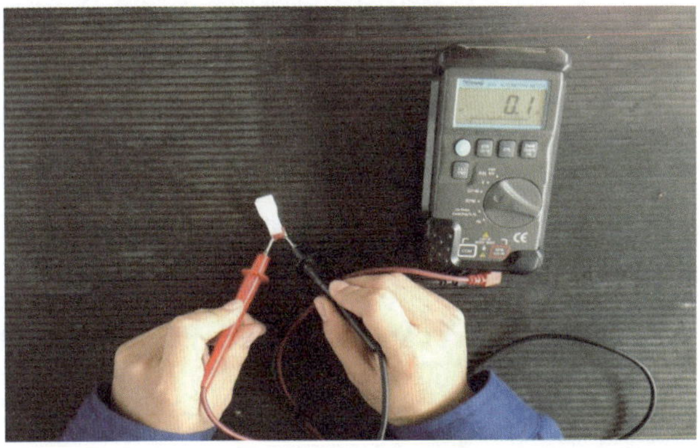

测量结果：______________________

____

____

____

____

□ 检测空气流量计传感器插接器的电源电压 +B 端子

电压检测	开关状态	规定值
B2-3（+B）至车身搭铁	点火开关置于 ON 位置	9~14V

☐ 如果所测电压值不在规定范围内，表示电源电压异常，则需维修或更换线束插接器

☐ 如果所测电压在规定范围内，则继续检查空气流量传感器 VG 电压

测量结果：________________

____

采取措施：________________

____

____

☐ 检查空气流量计传感器插接器的 VG 端电压情况

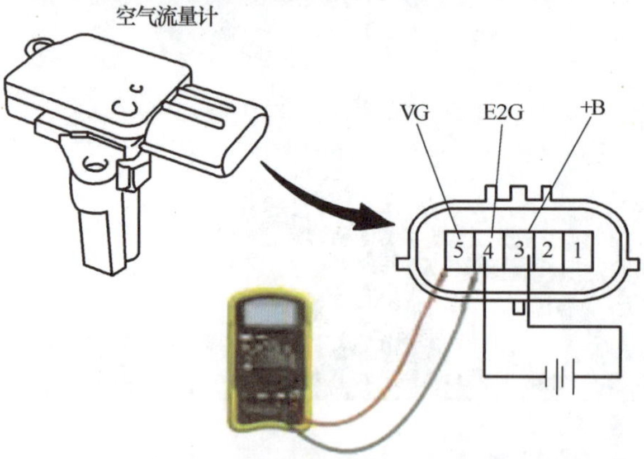

☐ 断开空气流量计插接器，向端子 +B 和 E2G 之间施加蓄电池电压，将检测仪正极（+）探针连接至端子 VG，检测仪负极（–）探针连接至端子 E2G，检测两端子间电压值

检测连接	条件	规定值
5（VG）-4（E2G）	向端子 +B 和 E2G 之间施加蓄电池电压	0.2~4.9V

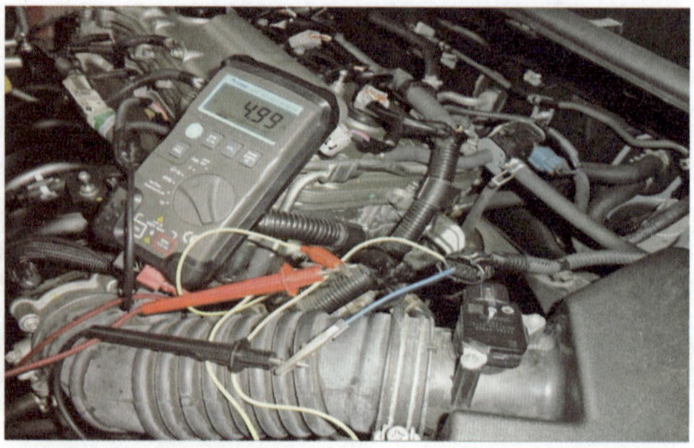

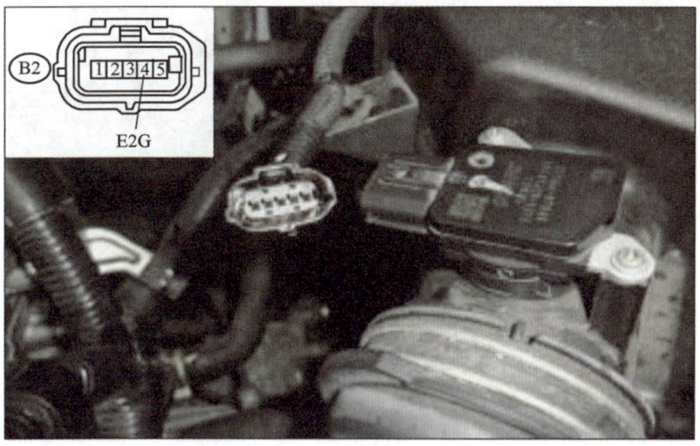

□ 检查空气流量计插接器的搭铁情况

检测连接	条件	规定值
B2-4（E2G）至车身搭铁	始终	＜1Ω

测量结果：________________

____

采取措施：________________

____

（2）检修空气流量计

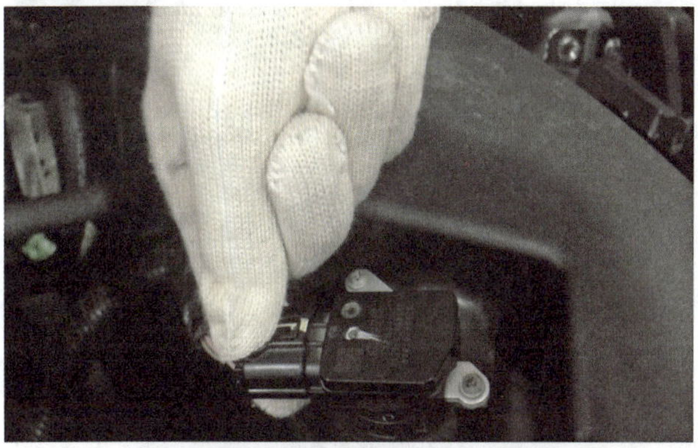

□ 拆卸空气流量计，拔掉空气流量计插接器

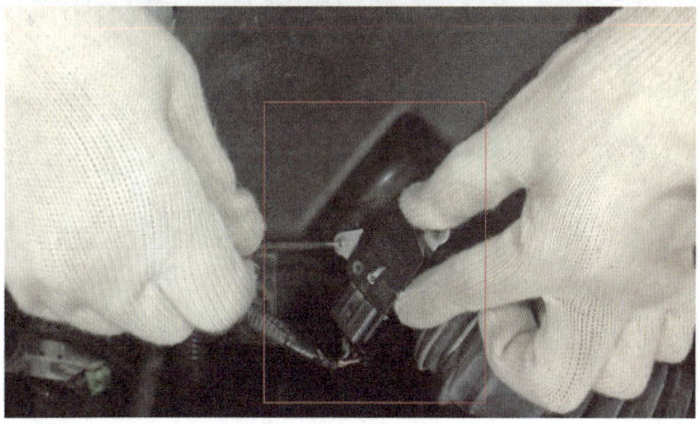

□ 目视检测新空气流量计的外观是否完好、O形圈是否完好、铂热丝上有无异物

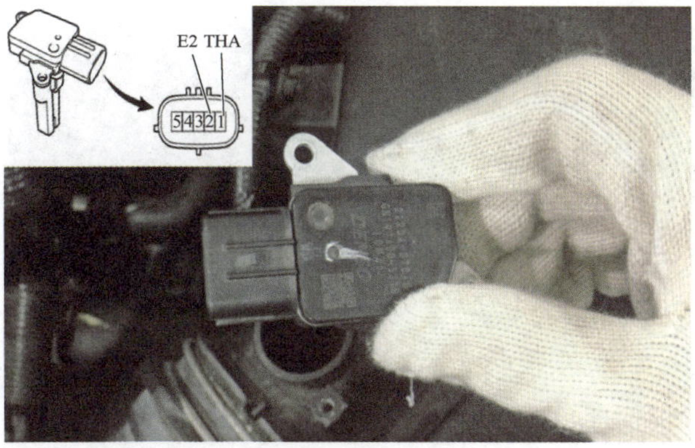

□ 将数字万用表调到 Ω 档，检测空气流量计端子 E2 与 THA 之间的阻值并记录数据

检测连接	条件	规定状态
1（THA）至 2（E2）	−20℃	13.6~18.4kΩ
1（THA）至 2（E2）	20℃	2.21~2.69kΩ

测量结果：________________

____

采取措施：________________

____

□ 拆卸蓄电池负极端子，正确断开 ECM 插接器，再断开空气流量计插接器

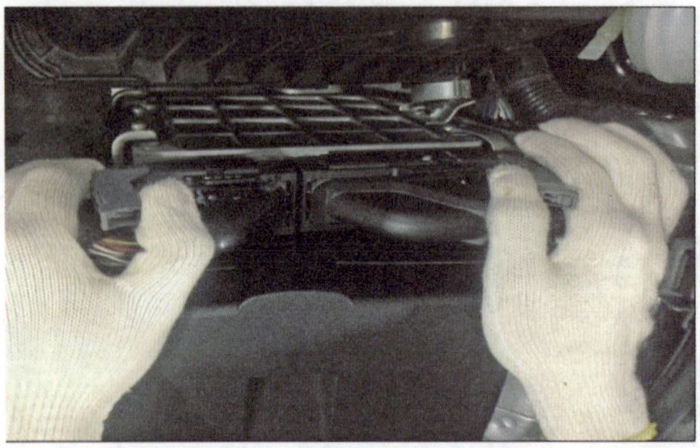

□ 检查空气流量计线路与 ECM 之间的线束连接情况

短路连接	条件	规定值
B2-5（VG）或 B31-118（VG）至车身搭铁	始终	≥ 10000 Ω

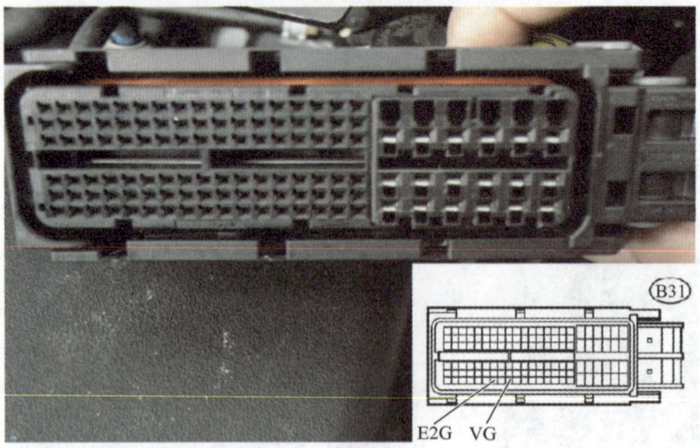

断路检测	条件	规定值
B2-5（VG）至 B31-118（VG）	始终	< 1 Ω
B2-4（E2G）至 B31-116（E2G）	始终	< 1 Ω

测量结果：________________

____

采取措施：________

____

（3）检修管路

□ 按压空气滤清器软管总成，检查有无松动、破损、裂纹、老化等现象

□ 检查 PCV 通风软管有无破损、老化、裂纹等现象

□ 检查制动助力器真空软管有无破损、老化、裂纹等现象

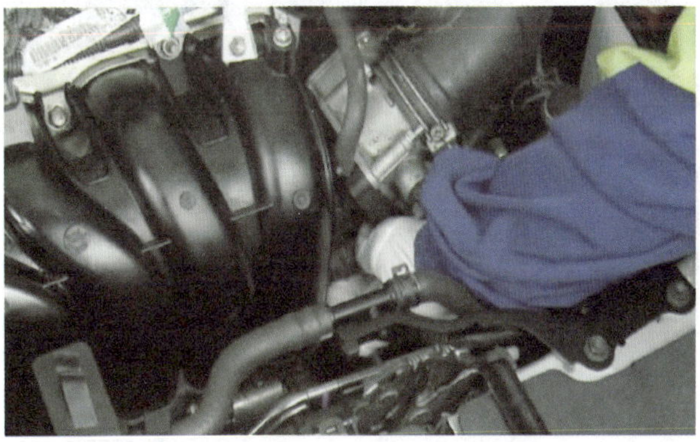

□ 检查 PCV 阀软管表面有无皲裂、老化、断裂等现象

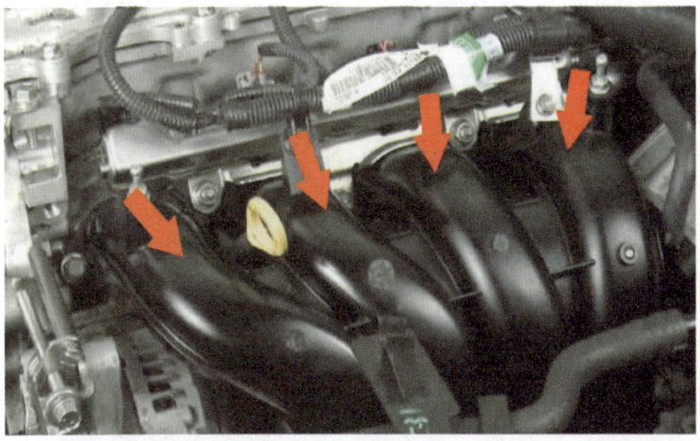

□ 检查各连接软管的卡箍位置是否正确，卡箍是否完好，有无松动现象

□ 目测检查进气歧管有无裂纹、破损

□ 目测检查节气门体衬垫处、进气歧管衬垫处有无破损、泄漏现象

□ 目测检查进气歧管有无裂纹、破损，重点检测各关键部位有无泄漏现象

□ 检修空气供给系统关键部位（如右图所示）泄漏情况

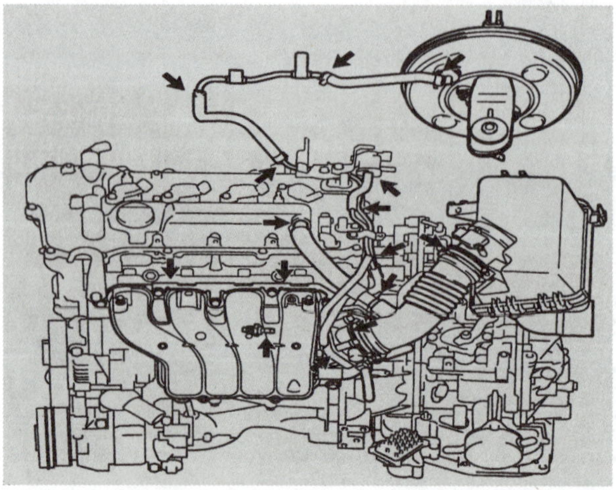

检查结果：________________

____

采取措施：____________

____

（4）检修空气滤清装置

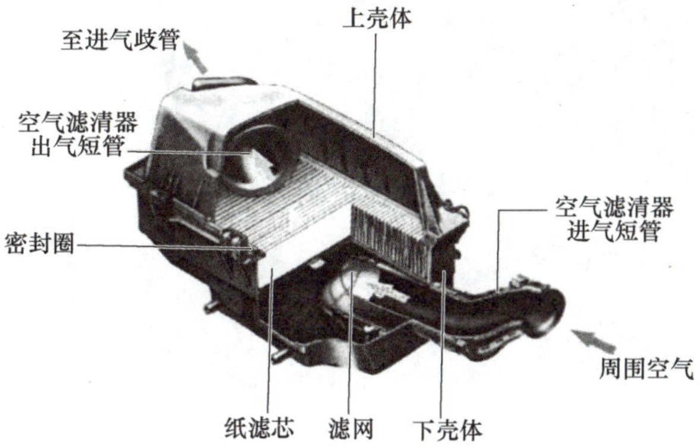

□ 分解空气滤清装置，找到各部件实际安装位置

□ 按下空气流量计插接器的锁舌，分离空气流量计插接器

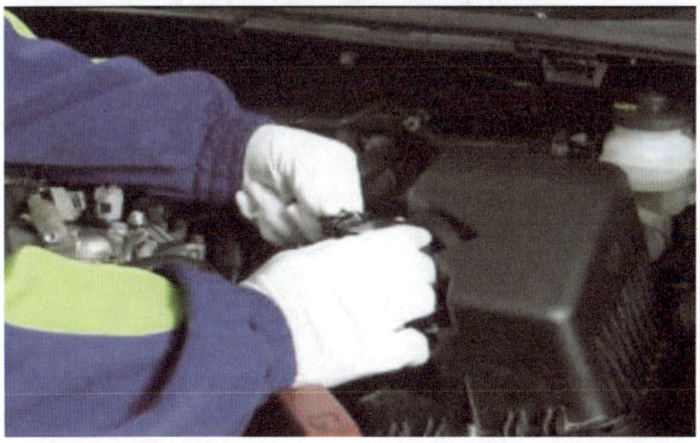

若锁止装置无法解除，则尝试一边按压锁舌一边向内推移，直至锁止装置完全解除方可拔下插接器，禁止用拉拔线束端的方式断开插接器。

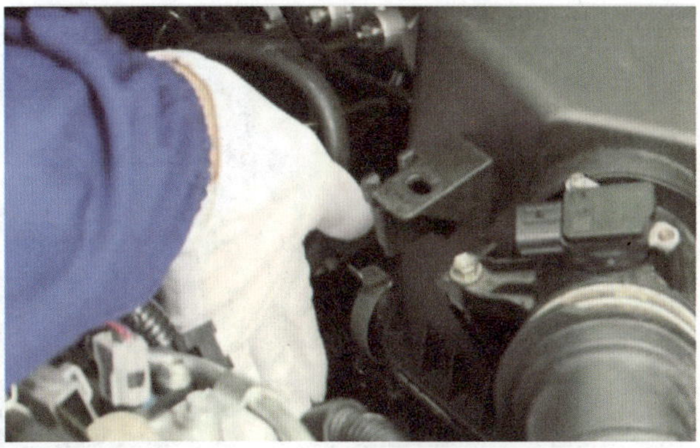

□ 依次松开空气滤清器盖两个固定卡箍

☐ 将卡箍移出阻挡位置，将2号通风软管向外拔出，并将其移至适当位置

☐ 选用10mm套筒、接杆、棘轮扳手，松开进气软管与节气门体固定卡箍自带的螺栓

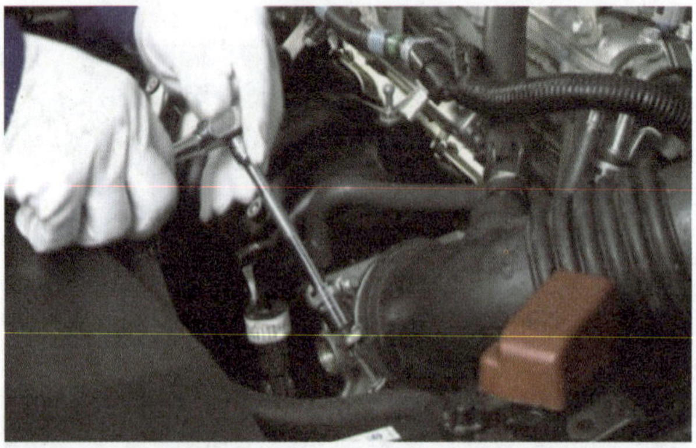

☐ 打开空气滤清器盖的锁扣

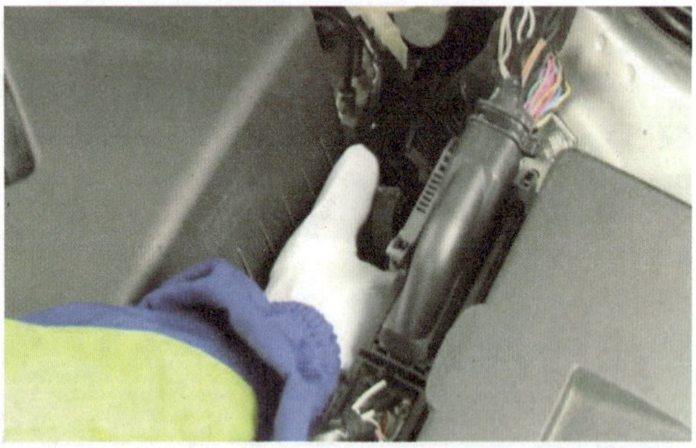

☐ 分离进气软管与节气门体的连接，然后取下空气滤清器盖，用干净的棉纱布盖住节气门进气口，防止杂物进入

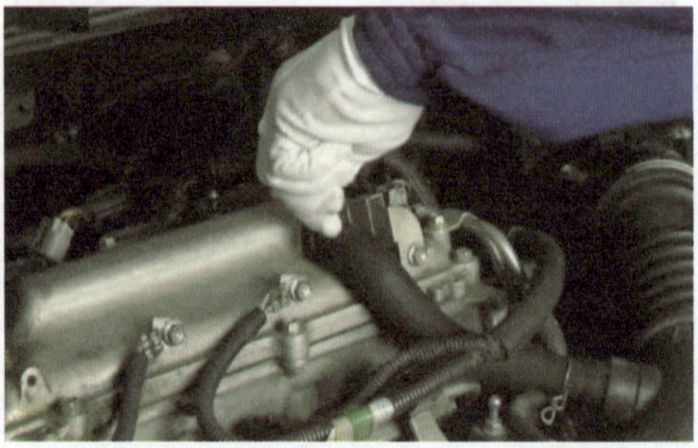

□ 选用干净的棉纱擦拭空气滤清器盖，然后选用高压气枪吹净空气滤清器盖的脏尘

□ 选用干净的棉纱擦拭下壳体内壁，并使用高压气枪吹净下壳体内壁的脏尘

□ 使用高压气枪朝着滤芯空气流出方向的反方向吹拂滤芯，将滤芯上吸附的沙尘吹干净

□ 使用高压气枪吹拂滤芯时，不要面对人或车辆进行操作

□ 检查空气滤清器滤芯是否已经过脏或损坏

□ 检查空气滤清器下壳体上的两个卡扣有无变形或脱落

□ 检查进气软管有无破损或老化，若进气软管有破损，应修复或更换

检查结果：________________________

____

采取措施：____________

____

□ 将进气软管与节气门位置对好并连接，确保连接到位

□ 安装空气滤清器滤芯时，将有标识的一面朝上放置

□ 根据维修手册，选用 10mm 的套筒、接杆和棘轮扳手，正确使用工具拧紧进气软管与节气门体固定卡箍自带的螺栓

□ 连接 2 号通风软管，将卡箍安装到正确的阻挡位置

□ 把卡箍的浮动端搭在空气滤清器盖的凹槽内，依次按下每个卡箍，确保卡紧空气滤清器盖

□ 插上空气流量计插接器，确保插接器锁止可靠

□ 双手握住发动机盖罩并对准安装位置，对角依次按下盖罩前后端，确保安装可靠

□ 卡紧卡箍时，要确保空气滤清器盖与下壳体对正扣合

□ 卡紧卡箍前，检查卡箍的浮动端一定要落入对应的凹槽内，这样才能保证卡紧

（5）性能测试

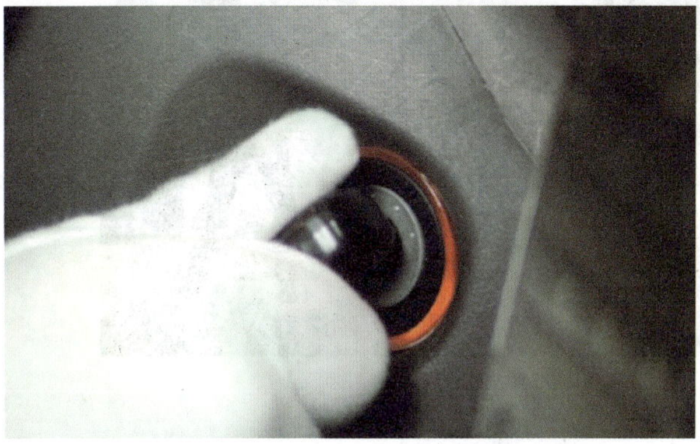

☐ 做好车辆起动前安全检查后起动发动机

☐ 观察发动机转速变化（在发动机怠速与急加速情况下）

检查结果：________________

____

____

____

（6）工位整理

☐ 用软布擦拭车辆外车身，清洁车身脏尘，避免车身留下刮痕

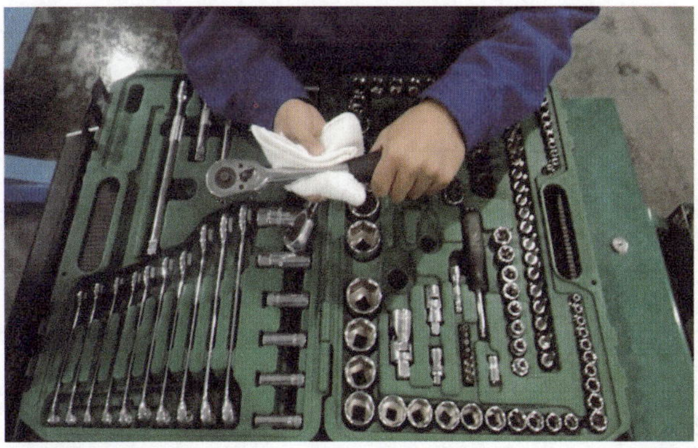

☐ 整理所使用的工具、量具、实训设备，用软布擦拭工量具表面脏尘，做好工量具与相关设备的维护工作

汽车检修典型项目实训

☐ 清扫实训工位地面，清除地面油污、废料、尘土，保持地面干净、整洁

6. 任务评价

认真填写“实训项目工单”。

实训项目工单

姓名		故障车型		行驶里程	
完成时间				成绩	
项目名称	**空气供给系统检修**				
任务目的	掌握汽车空气供给系统的主要部件检修内容 能正确、规范地进行汽车空气供给系统的检修操作流程				
任务准备					
必要的理论知识要点	1. 概述汽车空气供给系统的功用 ________ ________ 2. 汽车空气供给系统由哪些部件组成？找出各部件的实际安装位置 ________ ________				
所涉及实训工具					
任务反馈					
分项检查操作情况	检查项目	正常打√，异常打×		异常原因分析（主要）	
	步骤 1	☐ 前期基本检查到位		关键部位检查缺失	
	步骤 2	☐ 能正确选用工具		工具选用错误	
	步骤 3	☐ 能正确完成进气系统检漏操作		检修项目不全面，存在缺失	
	步骤 4	☐ 能规范拆卸空气滤清器		拆装操作不规范	
	步骤 5	☐ 对空气滤清器装置检查规范，项目到位		检查项目不全面，存在缺失	
	步骤 6	☐ 对空气流量计检测规范，项目到位		检查项目不全面，存在缺失	
	步骤 7	☐ 能正确拆装空气供给系统各部件		拆装操作不规范	
	步骤 8	☐ 各拆卸工具能正确使用		操作方法错误	
	步骤 9	☐ 工具、部件摆放是否整齐		7S 运用不到位	

（续）

<table>
<tr><td>归纳该项目
操作要点</td><td colspan="4">在进行“空气滤清器”拆卸操作时，应注意哪些操作要点？
____
______________________________</td></tr>
<tr><td colspan="5">任务评价</td></tr>
<tr><td rowspan="5">学生自我评价
（40%）</td><td>项目</td><td>得分</td><td>项目</td><td>得分</td></tr>
<tr><td>A：任务实施 10 分</td><td></td><td>D：小组协作 10 分</td><td></td></tr>
<tr><td>B：课堂纪律 10 分</td><td></td><td>E：安全操作 10 分</td><td></td></tr>
<tr><td>C：质量反馈 10 分</td><td></td><td>F：7S 应用 10 分</td><td></td></tr>
<tr><td colspan="4">您认为该改善的项目是____________　　　　您的得分：________</td></tr>
<tr><td>小组评价
（30%）</td><td colspan="4">□ 优秀（90 ～ 100 分）　□ 良好（81 ～ 89 分）
□ 及格（60 ～ 80 分）　□ 不合格（60 分以下）　　　　您的得分：________</td></tr>
<tr><td>实训小结
（10%）
（学生填写）</td><td colspan="4">（说说自身的收获）　　　　您的得分：________
____
______________________________</td></tr>
<tr><td>教师点评
（20%）</td><td colspan="4">（对你的课堂表现）　　　　您的得分：________
____
______________________________</td></tr>
<tr><td>总分</td><td colspan="4"></td></tr>
<tr><td>你知道吗？
</td><td colspan="4">在汽车日常维修过程中，空气质量、空气滤清器质量以及曲轴箱通风串气等因素常常会造成节气门体、怠速阀等有脏污，继而影响节气门开启的灵敏性、准确性、怠速阀的空气流量和怠速电动机的灵活性，最终破坏正常空燃比，影响发动机的正常工作。反映在汽车行驶中的症状便是怠速不稳、车身喘抖、加速不畅、油耗及排放增高等。</td></tr>
</table>

拓展迁移

1. 模拟相似故障，根据维修资料排除大众帕萨特轿车空气供给系统的故障。

2. 结合实车，观察丰田卡罗拉轿车的空气供给系统与大众帕萨特轿车的空气供给系统有什么不同。**（提示：可以从部件安装位置、控制过程等方面来考虑）**

项目四 起动系统检修

学习目标

1. 能说出汽车起动系统的作用、部件组成及各部件实际安装位置。
2. 能正确记录汽车起动系统主要部件检修的内容要点。
3. 能规范完成汽车起动系统的检修操作流程。
4. 能自觉养成 7S 自主管理的行为习惯。

项目导读

起动系统检修是汽车检修的典型项目之一。车主使用不当、车辆线路老化、车辆使用年限 / 里程等因素，都会使汽车起动系统产生故障，导致车辆无法起动、起动困难。作为汽车维修工，首先应对汽车起动系统的作用、部件组成、工作过程等基础知识有一定的认识，掌握一些维修工具名称及使用方法，按照科学的检修流程排除故障。

学时建议

建议安排 3 学时。起动系统检修的操作流程（任务实施环节）是教学重点，也是教学难点，建议安排 2 学时。

资料收集

思考：汽车起动系统有什么作用？如何就车拆卸起动机？在检修过程中，需要哪些工具？

1. 利用相关网站

进入 http://www.zjve.cn/ 网站，根据用户名与密码，可以进入汽修专业资源库平台界面，选择“资源中心”模块，在“资源搜索”栏输入所要查询的知识即可，从中可以搜索到动画、视频、虚拟实训、PPT 课件等方面的知识。如在“虚拟实训”界面，结合三维动画模拟，先“选取正确工具”，再根据拆装流程图提示，进行零部件拆装。待任务完成以后，对照评分表，记录拆装不足。

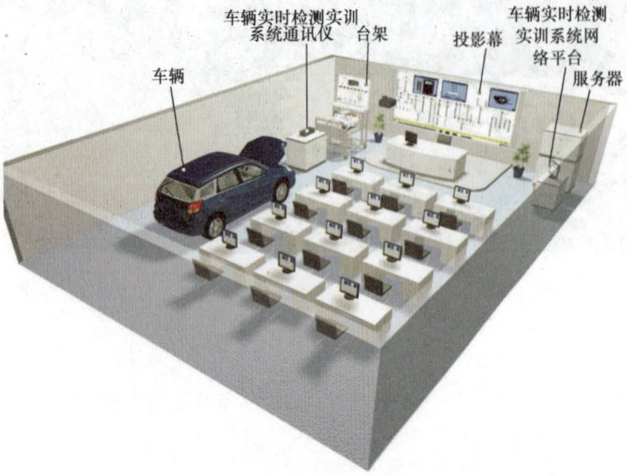

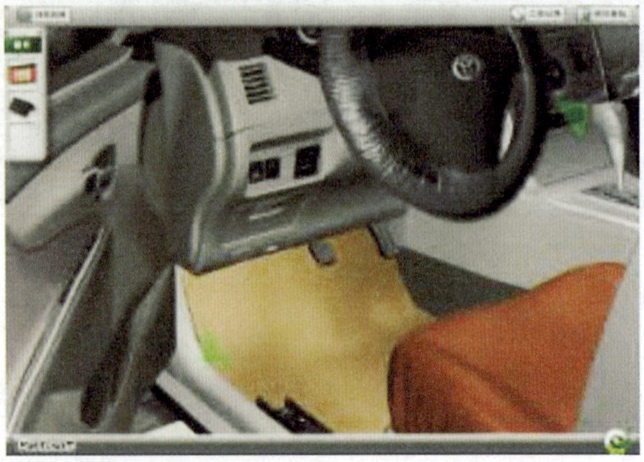

汽修专业资源库平台运行界面

你知道吗？说说以下工具的名称。

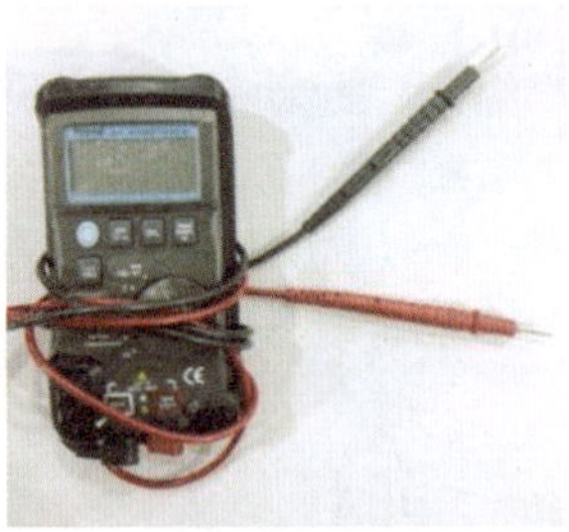

______________________　______________________　______________________

2. 教学实施准备

汽修电气实训室布置图

7S 实训管理风采：各司其职

活动展开

1. 问题情境

一辆 2004 年生产的卡罗拉 1.6AT 汽车，行驶里程为 185256km，车主反映该车起动时无起动征兆，起动机不转动，发动机无反应，你能帮助他解决问题吗?

试车后，发现汽车发动机无法正常工作，起动机不转动，初步检查蓄电池正常，需要做进一步检查。

导致汽车起动机不转动的原因有哪些?

____

____

____

____

2. 任务准备

（1）信息登记

对照“实训项目工单”，记录维修车辆基本信息。

（2）外观检查

检查与登记车辆使用状况（车身外观情况、燃油情况等），标注：

○ 刮花

× 凹痕、划痕

△ 裂纹

（在车辆的相应部位，标记相应符号）

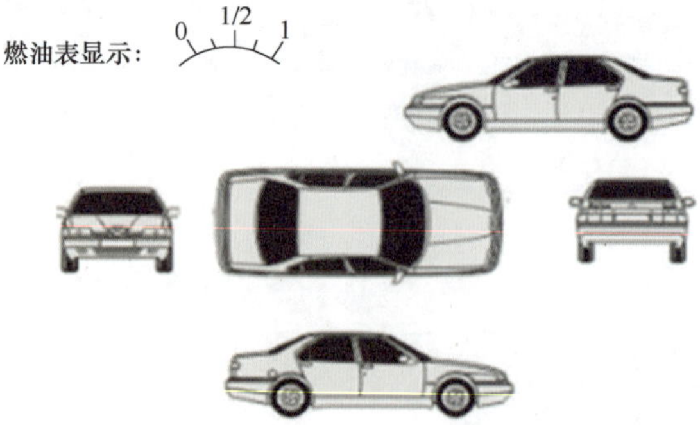

（3）进入工位

进入工位，我们应该做好以下工作：

☐ 穿好工作服

☐ 维修安全自检

☐ 准备所涉及的维修工具

☐ 调试举升机

☐ 整顿设备仪器摆放

（待完成后，在相应方框内打√）

3. 查询故障

☐ 做好车辆前期安全检查

☐ 挂入 P 位

☐ 拉起驻车制动器，使车辆处于静止状态

□ 打开发动机舱盖，并安装车辆挡块、左右翼子板布、前格栅布

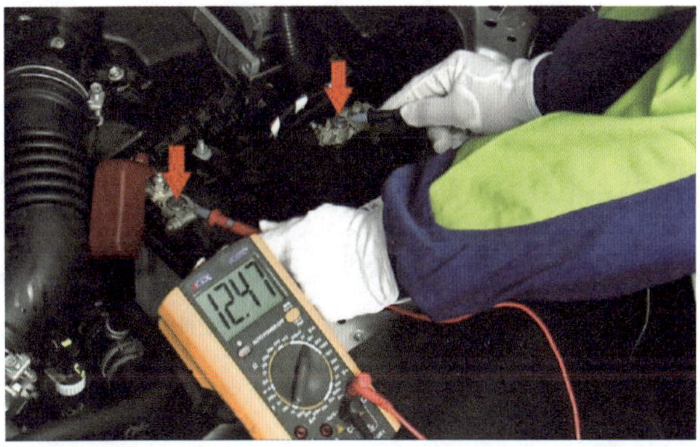

□ 检查蓄电池工作情况（外观、接线柱、电压值等）

各线束检查：________________

蓄电池电压值：________________

各液位高度：________________

____

____

____

4. 知识链接

（1）汽车起动系统的组成和作用

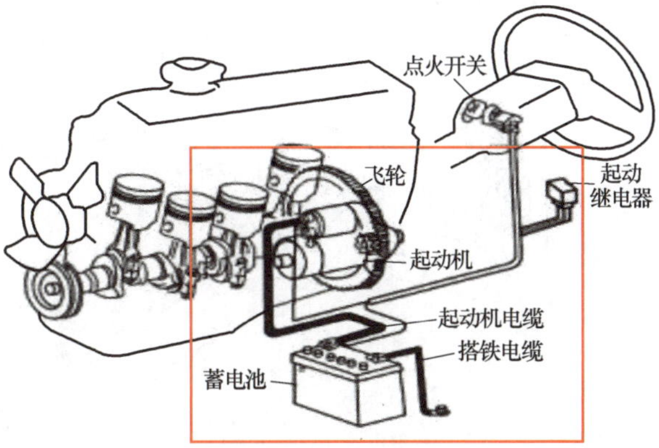

汽车起动系统的组成

① 汽车起动系统主要由蓄电池、点火开关、起动机及其继电器等组成。

② 汽车起动系统的作用是供给发动曲轴足够的起动转矩，以便使发动机曲轴达到必需的起动转速，使发动机进入自行运转状态。

汽车起动机主要由牵引线圈、保持线圈、励磁线圈、电枢、单向离合器、小齿轮、拨叉、电刷架总成、前后端盖等部件组成。

☐ 检查点火开关控制情况：利用数字万用表，对 ACC 继电器各端子间连接情况进行检测

检测连接	条件	规定值
3 至 5	在端子 1 与 2 间未施加电压	10kΩ 或更大
3 至 5	在端子 1 与 2 间施加电压	＜1Ω

检查结果：________________

____

采取措施：________________

____

____

（2）汽车起动机的组成

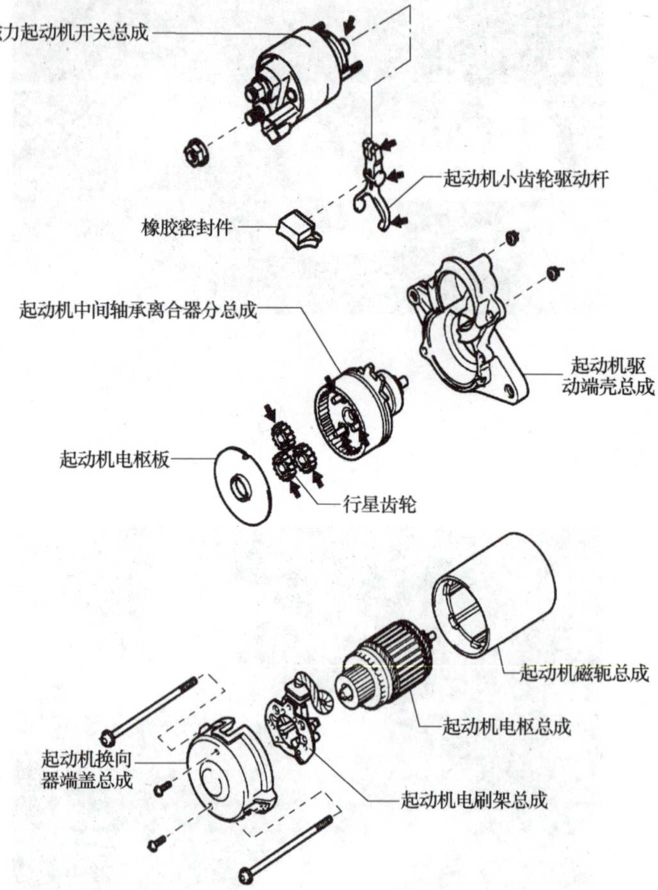

汽车起动机部件组成示意图

5. 任务实施

（1）检测点火继电器

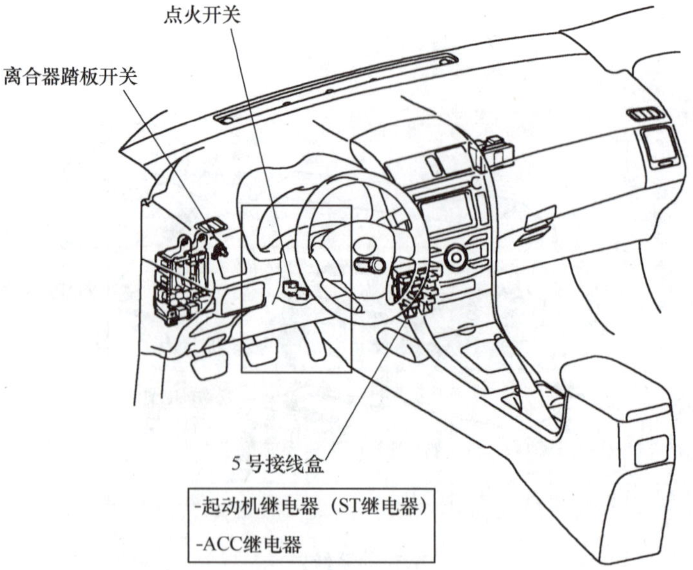

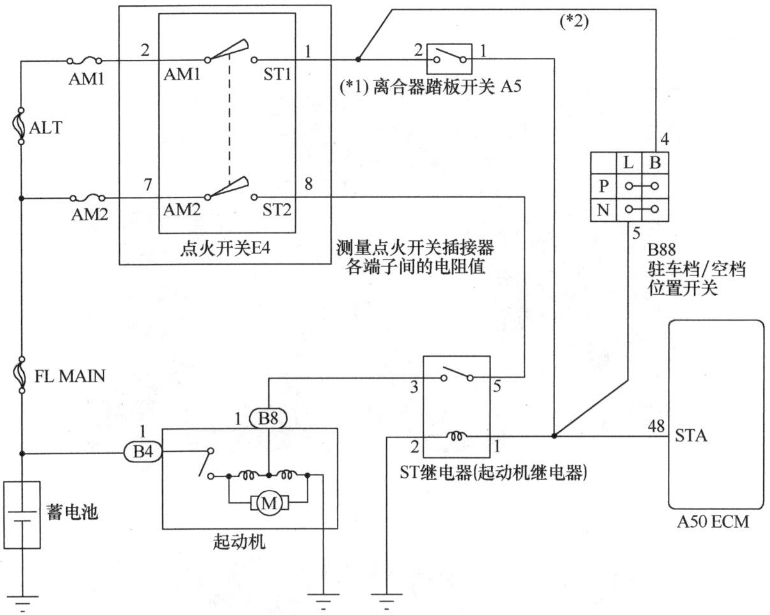

□ 检查点火继电器控制情况：找到 ACC 继电器实际安装位置

（2）检测起动机继电器

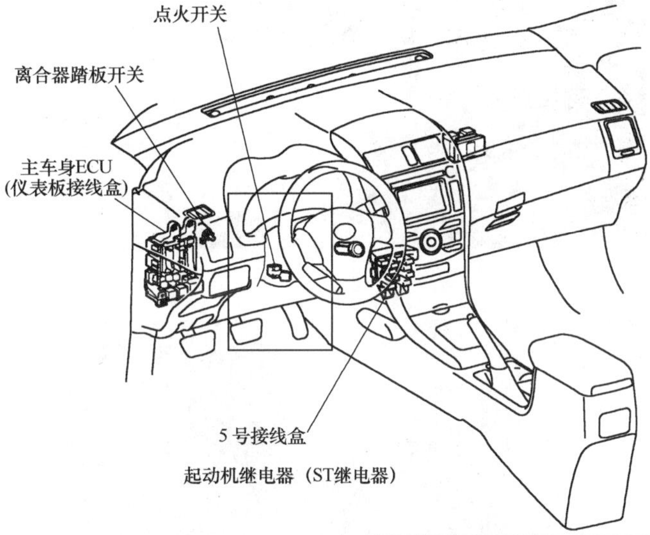

□ 检查起动机继电器控制情况：利用数字万用表，对 ST 继电器各端子间连接情况进行检测

检测连接	条件	规定值
3 至 5	在端子 1 与 2 间未施加电压	≥ 10000 Ω
3 至 5	在端子 1 与 2 间施加电压	< 1 Ω

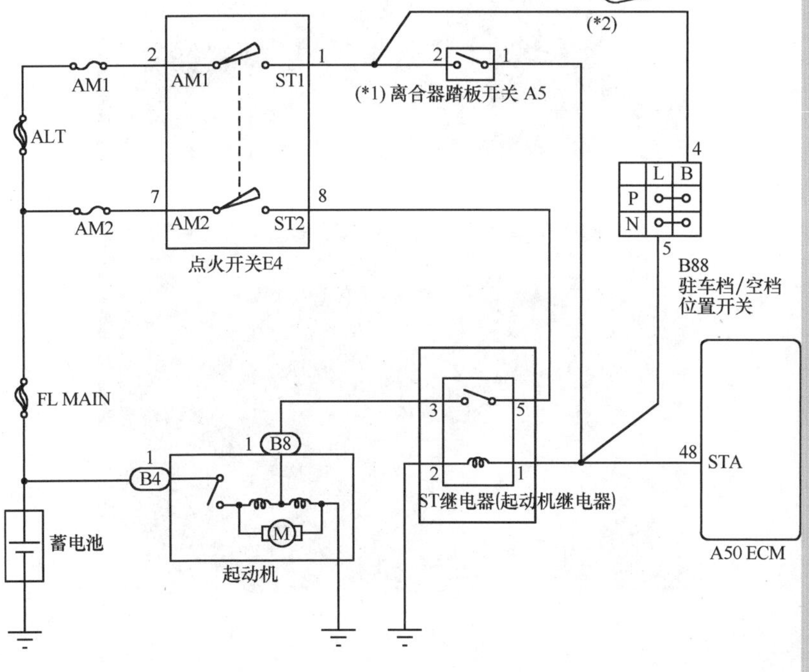

□ 检查起动机继电器控制情况：找到 ST 继电器实际安装位置

检查结果：______________________

____

采取措施：____________

____

____

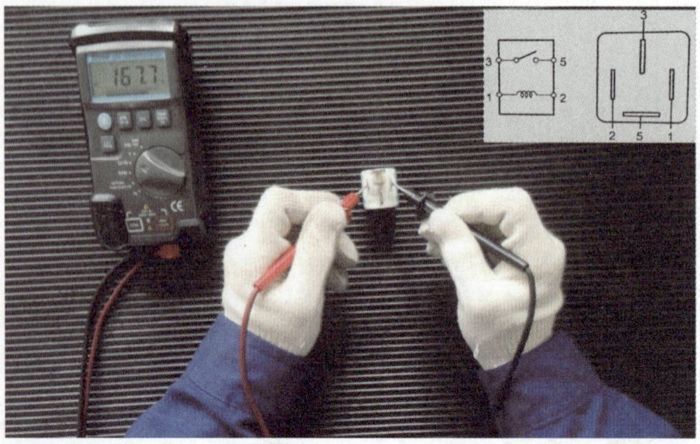

(3) 拆卸起动机

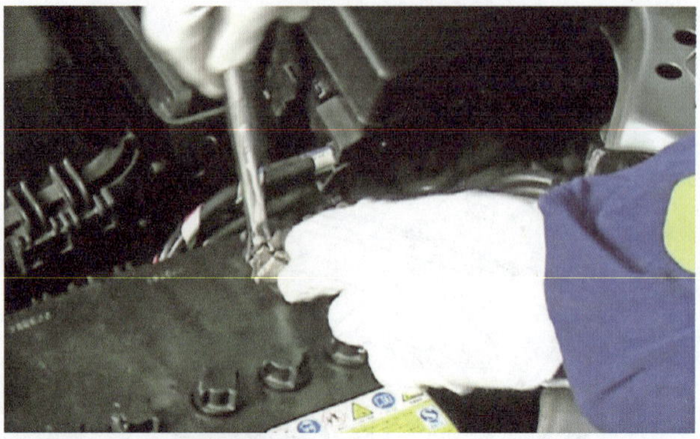

☐ 确认点火开关处于 OFF 位置，正确拆卸蓄电池负极接线柱固定螺母

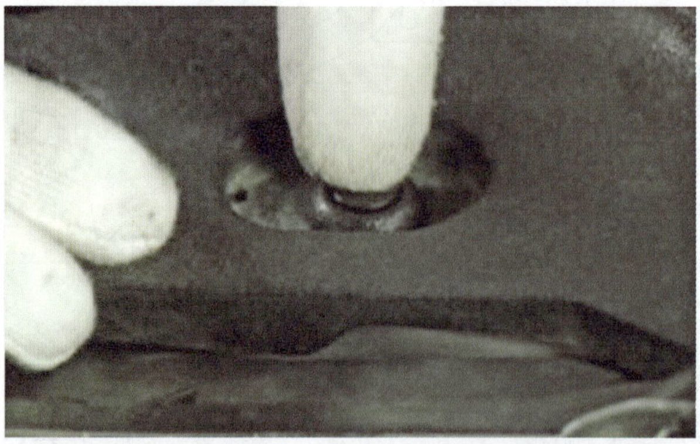

☐ 找到散热器上部的空气导流板卡扣安装位置

☐ 拆卸散热器上空气导流板的 6 个卡扣，并取下导流板

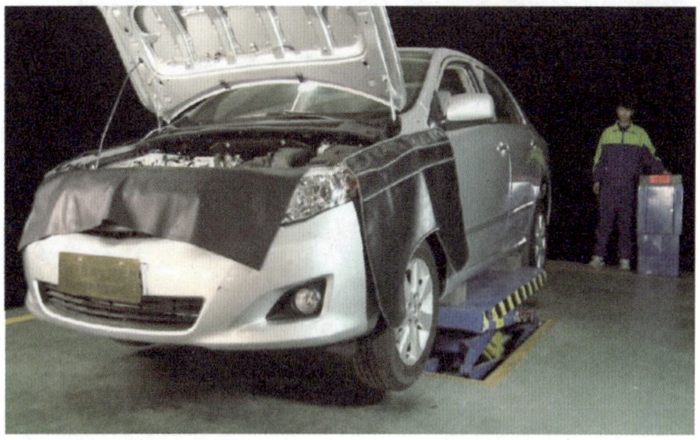

□ 确认周围环境安全，正确操作举升机，举升车辆至适当高度

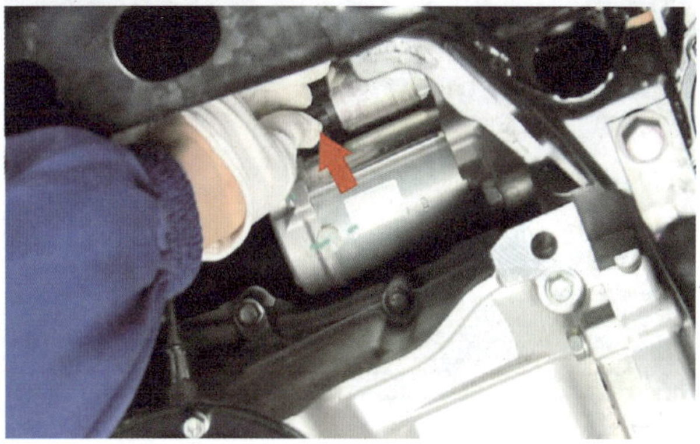

□ 用手拔下起动机端子 50 接线柱上的导线插头

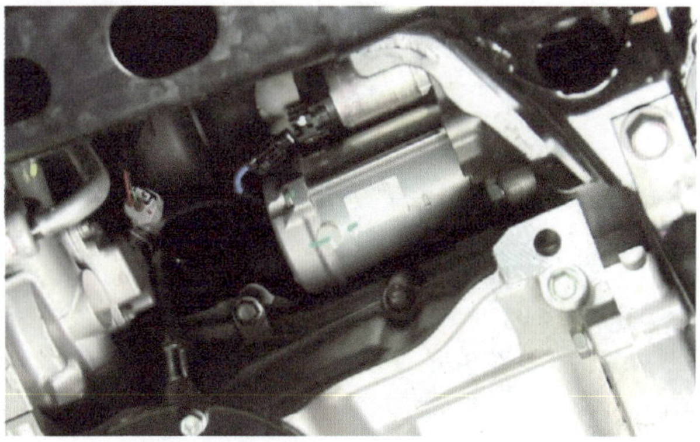

□ 检查插头座有无松动和脱落现象

□ 选取 12mm 套筒、接杆、棘轮扳手组合工具

□ 用组合工具拧松起动机上的端子30接线柱固定螺母，用手拧下端子30接线柱固定螺母，并从接线柱上脱出导线

□ 确认周围环境安全，正确操作举升机，放下车辆

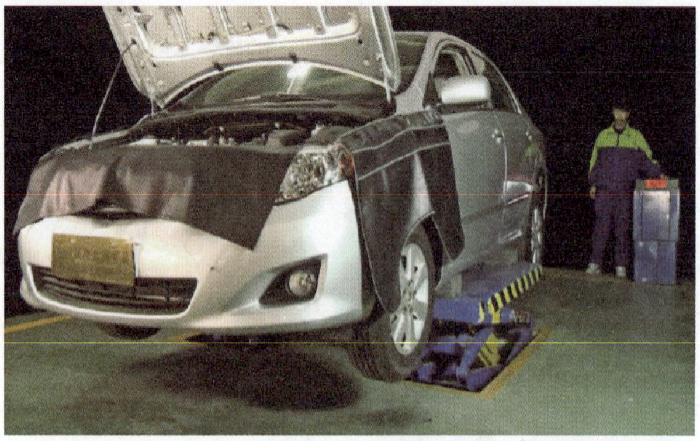

□ 选取14mm套筒和棘轮扳手组合工具，找到起动机上部的安装螺栓

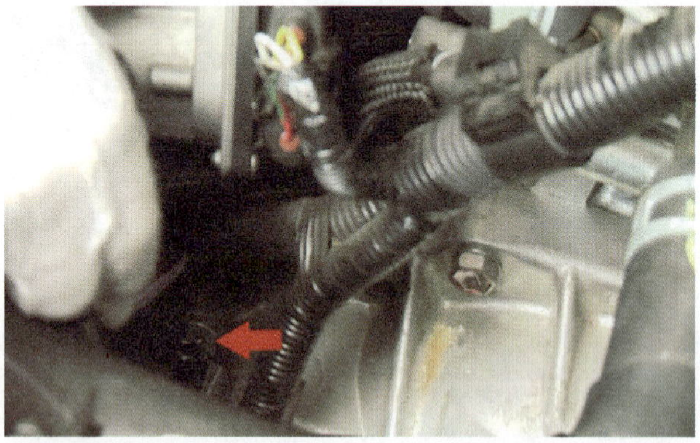

□ 利用棘轮扳手旋松起动机的固定螺栓

□ 确认周围安全，操作举升机，再次举升车辆至适当高度

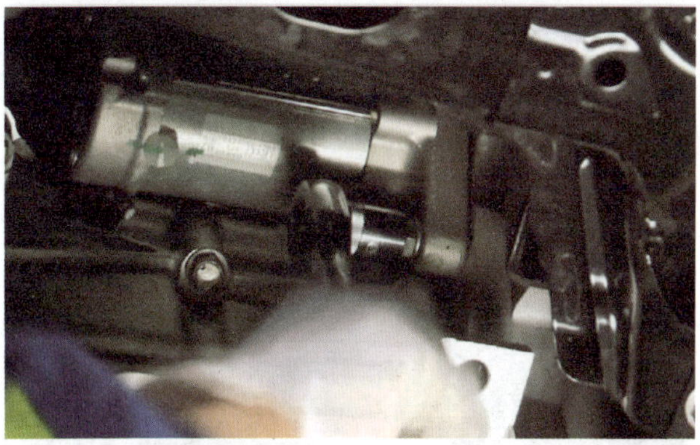

□ 选取 14mm 套筒和棘轮扳手组合工具，继续拧松起动机其他固定螺栓

□ 取下固定螺栓，适当调整起动机在安装空间内的位置，之后取下起动机

（4）检修部件

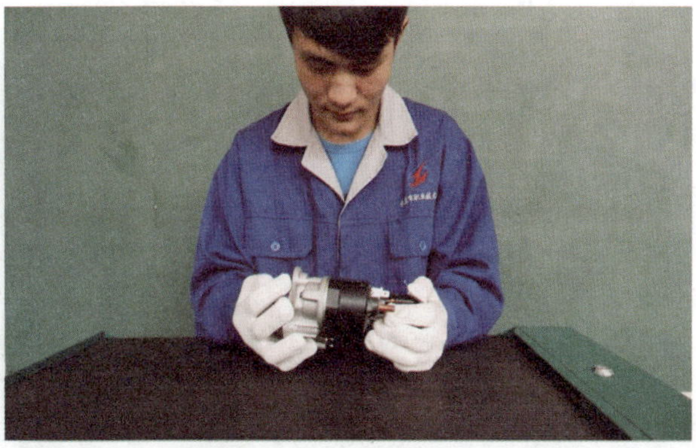

□ 检查起动机外观有无裂纹或脏尘

□ 检测起动机空载运行工作情况：用跨接线连接蓄电池负极端子与起动机驱动盖

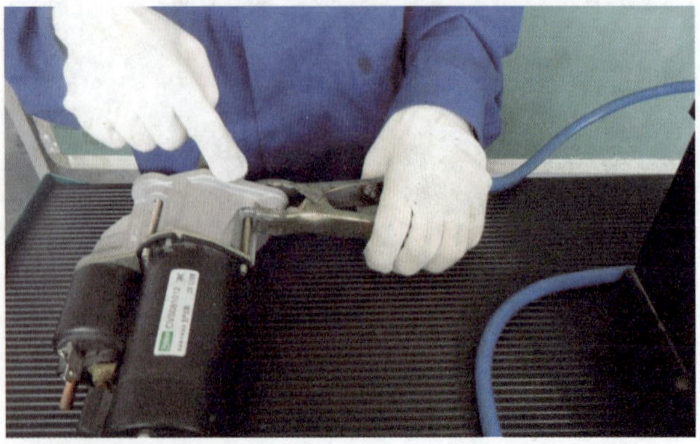

□ 用跨接线连接蓄电池正极端子与起动机电磁开关上的端子50接线柱

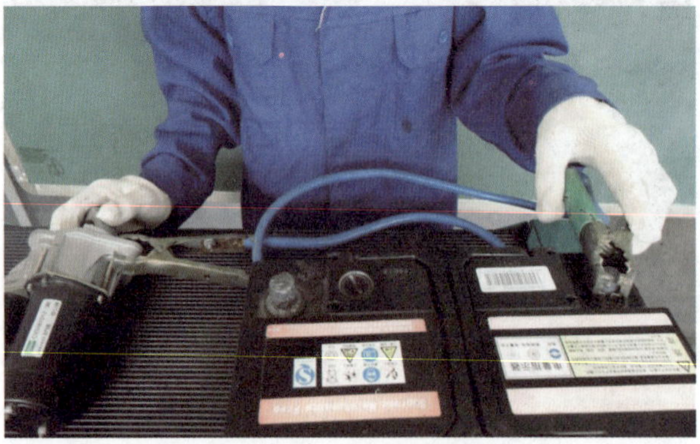

□ 观察起动机的驱动齿轮是否正常伸出

检查结果：________________

____

____

____

____

□ 用跨接线连接蓄电池负极端子与起动机驱动盖

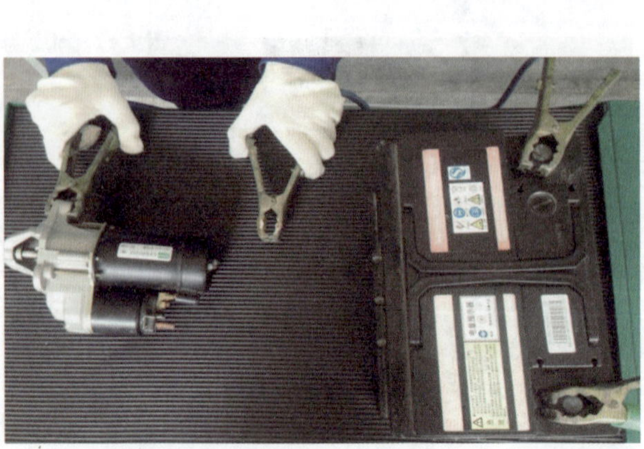

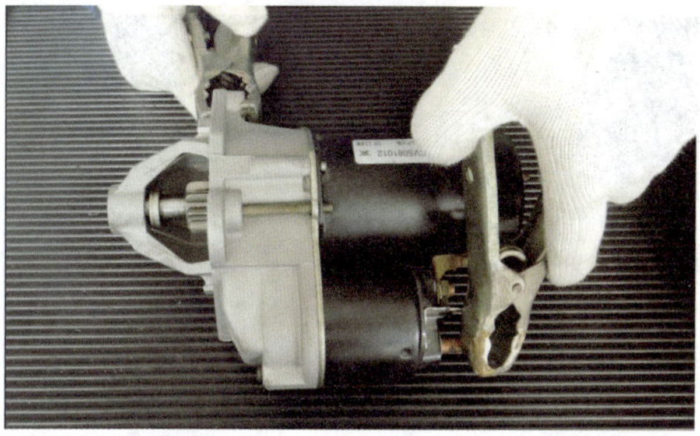

□ 用跨接线连接蓄电池正极端子与起动机电磁开关上的端子50、30接线柱(连接时间不宜过长)，观察起动机的驱动齿轮是否伸出，电动机是否高速旋转

检查结果：______________________

____

____

____

____

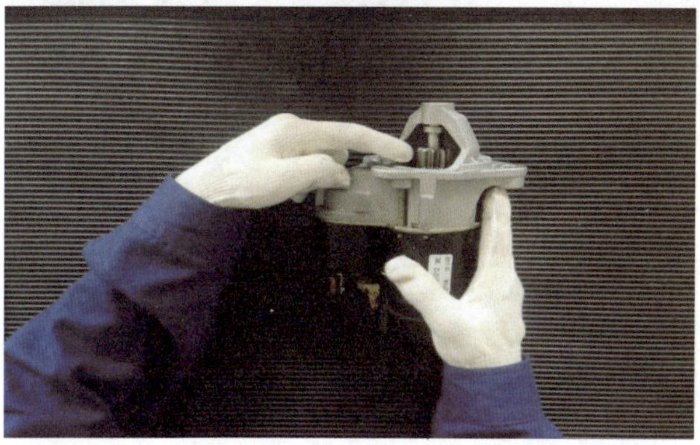

□ 检查单向离合器工作情况：逆时针转动驱动齿轮，驱动齿轮应被锁上；顺时针转动驱动齿轮，驱动齿轮应转动自如

（5）安装起动机至车内

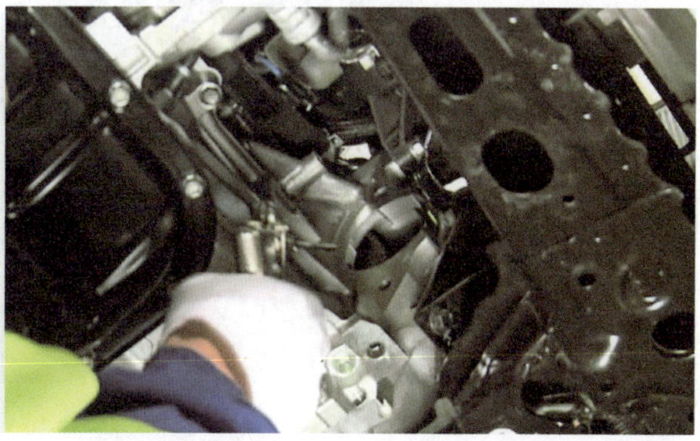

□ 将起动机与变速器壳上的螺孔对齐

□ 用手将固定螺栓旋入起动机驱动端盖凸缘的螺孔中

☐ 确认周围安全后，安全操作举升机，并放下车辆

☐ 找到起动机上部固定螺栓的安装孔位置，并用棘轮扳手旋紧

☐ 旋紧起动机固定螺栓至规定扭矩值 37N·m

☐ 确认周围安全后，安全操作举升机，再次举升车辆至适当高度

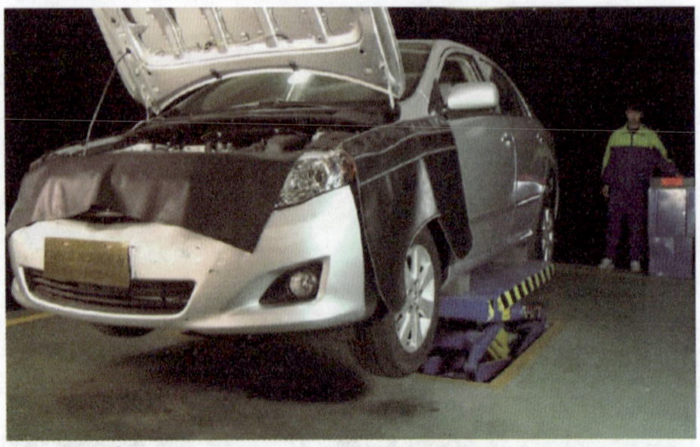

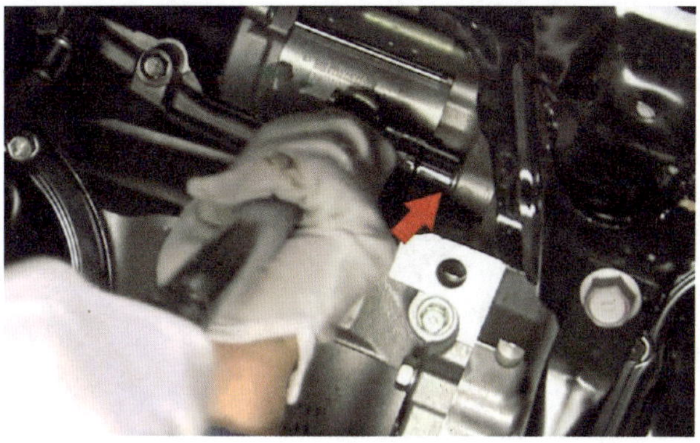

□ 安装起动机固定螺栓至规定扭矩值 37 N·m

□ 连接起动机后端的线束插接器

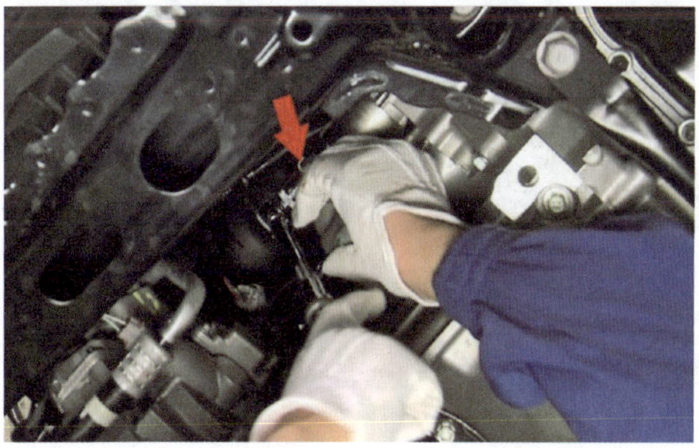

□ 安装起动机 30 号接线柱螺母至规定扭矩值 9.8N·m

□ 连接起动机 50 号接线柱

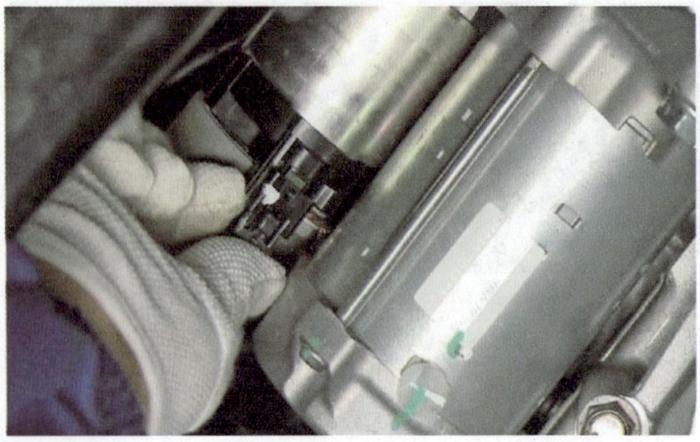

□ 再次检查起动机各连接线束是否安全牢固

（6）性能检测

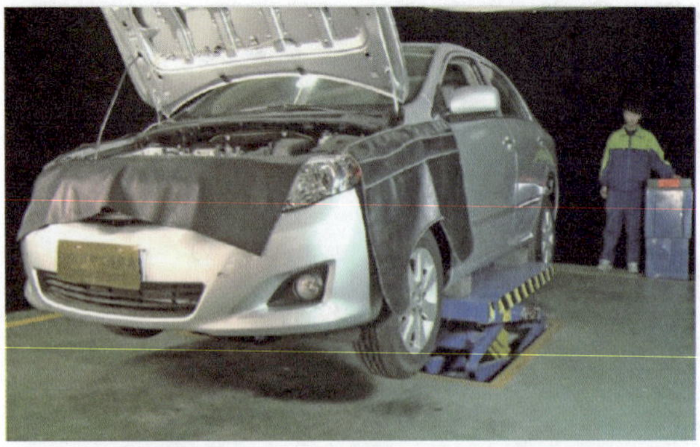

□ 确认周围安全后，操作举升机，并放下车辆

□ 安装后调试。起动前，做好安全检查，之后拉起驻车制动器，挂入P位

□ 起动发动机，检查起动机运行工作情况

测试现象：________________

____

采取措施：________

____

____

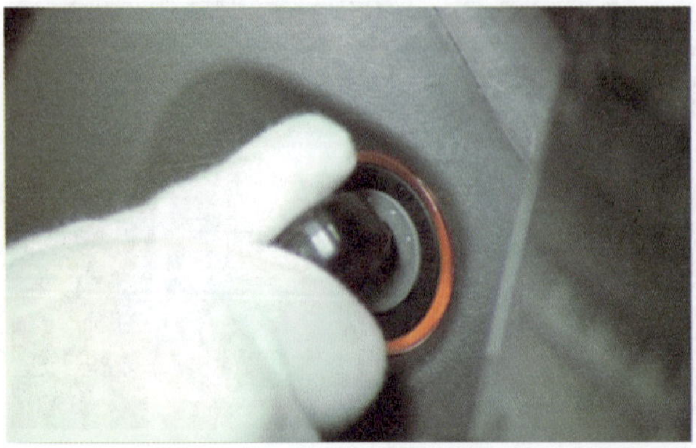

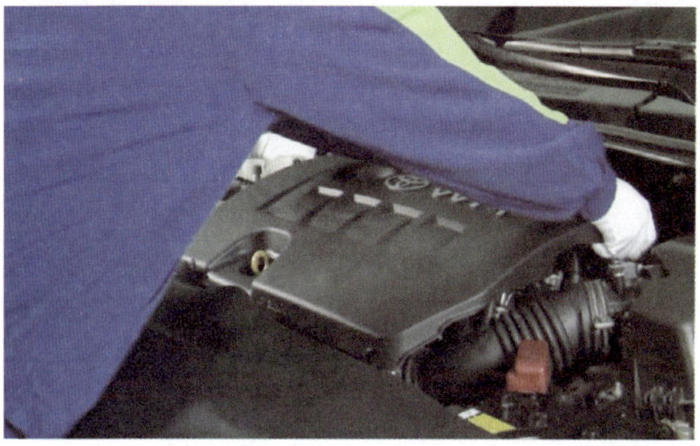

□ 安装发动机防尘罩

（7）工位整理

□ 用软布擦拭车辆外车身，清洁车身脏尘，避免车身留下刮痕

□ 整理所使用的工具、量具、实训设备，用软布擦拭工量具表面脏尘，做好工量具与相关设备的维护工作

□ 清扫实训工位地面，清除地面油污、废料、尘土，保持地面干净、整洁

6. 任务评价

认真填写“实训项目工单”。

实训项目工单

<table>
<tr><td>姓名</td><td></td><td>故障车型</td><td></td><td>行驶里程</td><td></td></tr>
<tr><td>完成时间</td><td colspan="3"></td><td>成绩</td><td></td></tr>
<tr><td>项目名称</td><td colspan="5">起动机检修</td></tr>
<tr><td>任务目的</td><td colspan="5">掌握汽车起动机部件的检修内容
能正确、规范地进行汽车起动机的检修操作流程</td></tr>
<tr><td colspan="6">任务准备</td></tr>
<tr><td>必要的理论知识要点</td><td colspan="5">1. 概述汽车起动机的功用
______
______
2. 汽车起动系统由哪些部件组成？找出各部件实际安装位置
______
______</td></tr>
<tr><td>所涉及实训工具</td><td colspan="5"></td></tr>
<tr><td colspan="6">任务反馈</td></tr>
<tr><td rowspan="10">分项检查操作情况</td><td>检查项目</td><td colspan="2">正常打√，异常打×</td><td colspan="2">异常原因分析（主要）</td></tr>
<tr><td>步骤 1</td><td colspan="2">□ 前期基本检查到位</td><td colspan="2">关键部位检查缺失</td></tr>
<tr><td>步骤 2</td><td colspan="2">□ 能正确选用工具</td><td colspan="2">工具选用错误</td></tr>
<tr><td>步骤 3</td><td colspan="2">□ 能正确完成起动系统性能操作</td><td colspan="2">操作不规范</td></tr>
<tr><td>步骤 4</td><td colspan="2">□ 能规范拆卸起动机</td><td colspan="2">拆装操作不规范</td></tr>
<tr><td>步骤 5</td><td colspan="2">□ 对起动机检测规范，项目到位</td><td colspan="2">操作不规范，存在安全隐患</td></tr>
<tr><td>步骤 6</td><td colspan="2">□ 能正确拆卸起动机</td><td colspan="2">检修项目不全面，存在缺失</td></tr>
<tr><td>步骤 7</td><td colspan="2">□ 能正确安装起动机</td><td colspan="2">检修项目不全面，存在缺失</td></tr>
<tr><td>步骤 8</td><td colspan="2">□ 各拆装工具能正确使用</td><td colspan="2">操作方法错误</td></tr>
<tr><td>步骤 9</td><td colspan="2">□ 工具、部件摆放是否整齐</td><td colspan="2">7S 运用不到位</td></tr>
<tr><td>归纳该项目操作要点</td><td colspan="5">在进行起动机随车拆装操作时，应注意哪些操作要点？
______
______</td></tr>
<tr><td colspan="6">任务评价</td></tr>
<tr><td rowspan="5">学生自我评价（40%）</td><td>项目</td><td>得分</td><td>项目</td><td colspan="2">得分</td></tr>
<tr><td>A：任务实施 10 分</td><td></td><td>D：小组协作 10 分</td><td colspan="2"></td></tr>
<tr><td>B：课堂纪律 10 分</td><td></td><td>E：安全操作 10 分</td><td colspan="2"></td></tr>
<tr><td>C：质量反馈 10 分</td><td></td><td>F：7S 应用 10 分</td><td colspan="2"></td></tr>
<tr><td colspan="3">您认为该改善的项目是______</td><td colspan="2">您的得分：______</td></tr>
</table>

（续）

小组评价（30%）	□ 优秀（90 ～ 100 分）　□ 良好（81 ～ 89 分） □ 及格（60 ～ 80 分）　□ 不合格（60 分以下）　　您的得分：________
实训小结（10%）（学生填写）	（说说自身的收获）　　您的得分：________ ________________ ________________
教师点评（20%）	（对你的课堂表现）　　您的得分：________ ________________ ________________
总分	
你知道吗？ 	在实际车辆维修中，由于汽车起动机导致的故障现象，主要包含起动机不转、起动机空转、起动机转动无力和起动机异常响声等方面。常见故障原因包含蓄电池没电、接线柱松动、起动机励磁线圈与电枢线圈烧坏、调节器烧坏、单向离合器损坏、轴承损坏等方面，整个起动机检修作业在整个维修作业里面占到 15%~17%，维修工时在 2~3h 之间。

拓展迁移

1. 模拟相似故障，根据维修资料排除大众帕萨特轿车起动系统的故障。

2. 结合实车，观察丰田卡罗拉轿车的起动系统与大众帕萨特轿车的起动系统有什么不同。**（提示：可以从部件安装位置、控制过程等方面来考虑）**

项目五 充电系统检修

学习目标

1. 能说出汽车充电系统的作用、部件组成及各部件实际安装位置。
2. 能正确记录汽车充电系统主要部件检修的内容要点。
3. 能规范完成汽车充电系统的检修操作流程。
4. 能自觉养成 7S 自主管理的行为习惯。

项目导读

充电系统检修是汽车检修的典型项目之一。车辆线路老化、车辆使用年限、行驶里程等因素，都会使汽车充电系统产生故障，导致车辆充电指示灯常亮。遇到此类问题，作为汽车维修工，应事先对汽车充电系统的作用、部件组成、工作过程等基础知识有一定的认识，掌握一些维修工具名称及使用方法，按照科学的检修流程排除故障。

学时建议

建议安排 3 学时。其中，充电系统检修的操作流程（任务实施环节）是教学重点，也是教学难点，建议安排 2 学时。

资料收集

思考：汽车充电系统有什么作用？如何就车拆卸发电机？在检修过程中，需要哪些工具？

1. 借助“微课”

“微课”是指短则 30s，长则不超过 10min 的视频课程，它内容广泛，形态多样，涵盖小电影、纪录短片、DV 短片、视频剪辑、广告片段等，可通过 PC、手机、摄像头、DV、DC、MP4 等多种视频终端摄录或播放的视频短片。在许多汽车专业类网站里面，有很多“微视频”，它主要围绕一个专业技能点或知识点展开，详细地解答在操作中与学习中的“困惑”，为后续的技能操作提供有力的支持与帮助。

你知道吗？说说以下工具的名称。

____

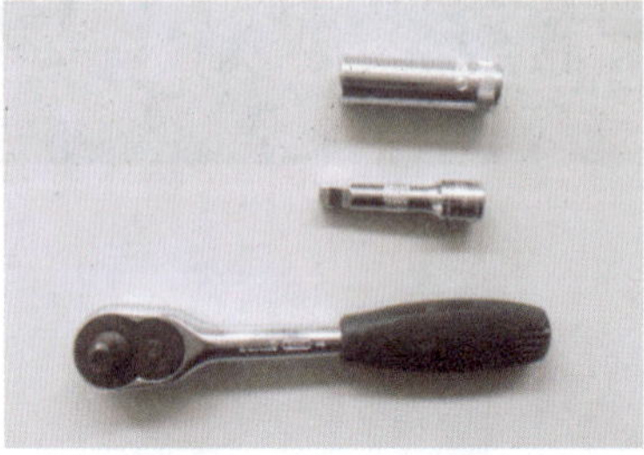

____

____

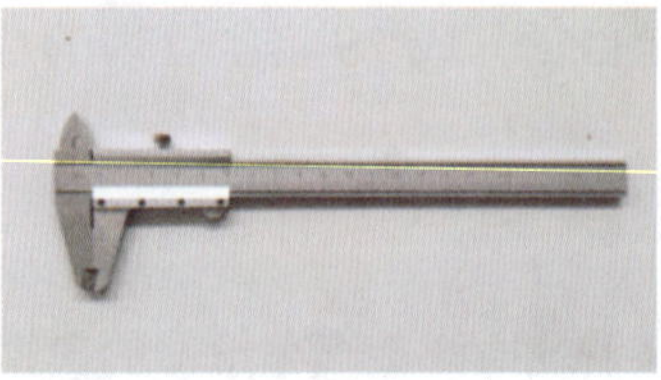

____

2. 教学实施准备

汽车电气实训室布置图

7S 实训管理风采：安全有序

活动展开

1. 问题情境

一辆 2003 年生产的卡罗拉 1.6 AT 汽车，行驶里程为 74286km，车主反映车辆起动后，仪表盘内有一个指示灯一直亮着，你能认清这个指示灯的含义，并帮助他解决问题吗？

试车后，汽车发动机能正常工作，发现仪表盘内充电指示灯常亮，需要做进一步检查。

导致汽车“充电指示灯常亮”的原因有哪些？

____

____

____

____

2. 任务准备

（1）信息登记

对照“实训项目工单”，记录维修车辆基本信息。

（2）外观检查

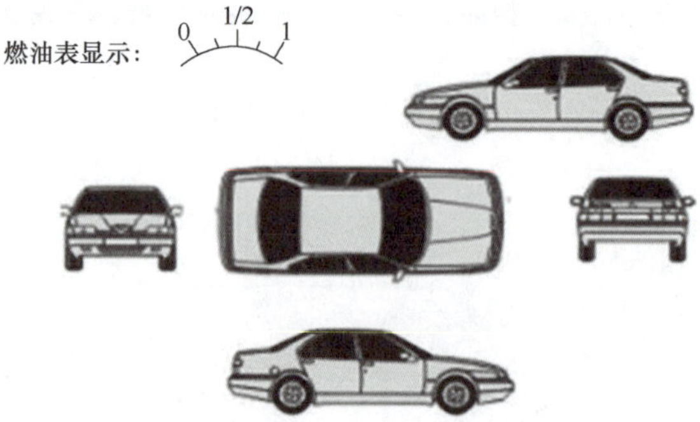

检查与登记车辆使用状况（车身外观情况、燃油情况等），标注：

○ 刮花

× 凹痕、划痕

△ 裂纹

（在车辆的相应部位，标记相应符号）

（3）进入工位

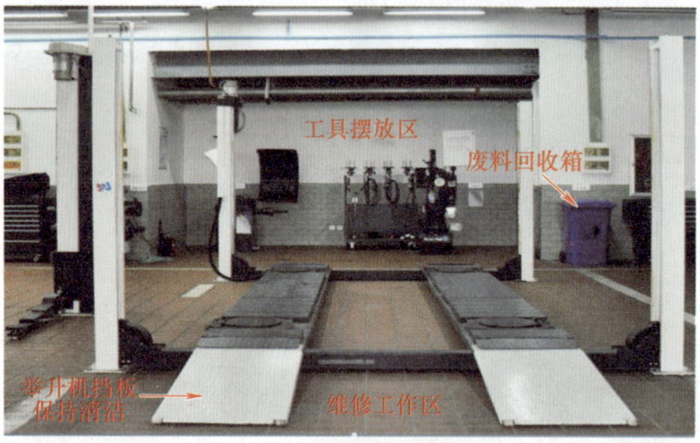

进入工位，我们应该做好以下工作：

□ 穿好工作服

□ 维修安全自检

□ 准备所涉及的维修工具

□ 调试举升机

□ 整顿设备仪器摆放

（待完成后，在相应方框内打√）

3. 读取故障

（1）基本检查

□ 挂入 P 位

□ 拉起驻车制动器，使车辆处于静止状态

□ 打开发动机舱盖，并安装车辆挡块、左右翼子板布、前格栅布

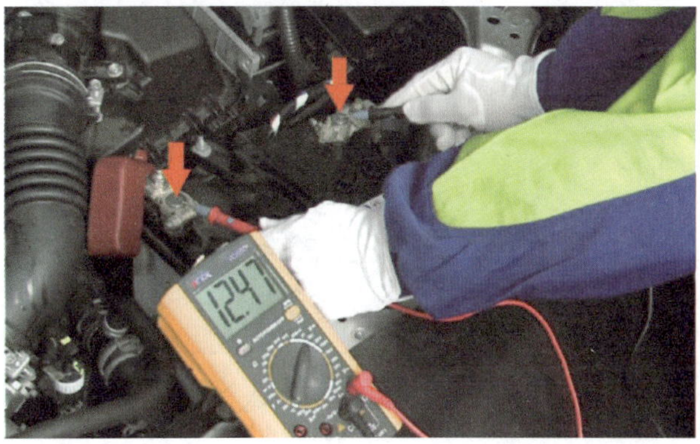

□ 检查蓄电池工作情况（外观、接线柱、电压值等）

各线束检查：________________

蓄电池电压值：________________

各液位高度：________________

____

____

____

（2）随车检查

□ 检查蓄电池、发电机、调节器和电流表等各机件的接线柱及其导线连接是否牢靠

□ 目测发电机 V 带外观有无破损，检查有无异响

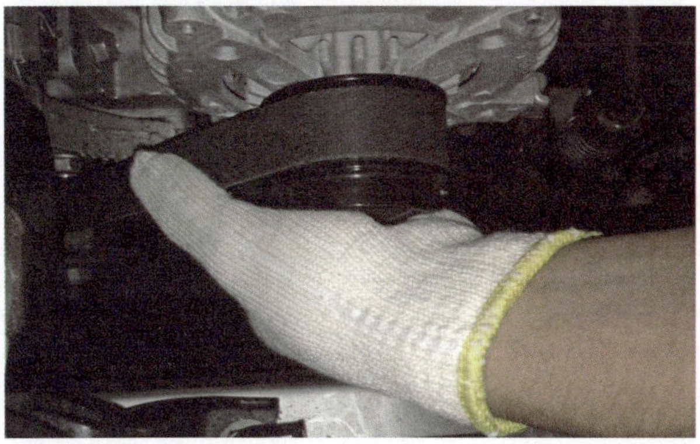

□ 检测发电机 V 带张紧程度，有无打滑、过松现象

□ 做好起动前安全检查后起动发动机，检查充电指示灯工作状况

检查结果：________________________

____

采取措施：____________

____

____

汽车发电机是汽车的主要电源，其功用是在发动机正常运转时（怠速以上），向所有用电设备（起动机除外）供电，同时向蓄电池充电，对照右图，找到发电机实际安装位置。

充电电路工作过程：发电机 B1 端口→ ALT 熔丝（120A）→ FL MAIN 熔丝→蓄电池。

控制充电指示灯的电路：蓄电池→ METER(7.5A) 仪表熔丝→组合仪表 33 接线柱→仪表充电指示灯→组合仪表 39 接口线柱→发电机 B4 端。

4. 知识链接

（1）汽车发电机的作用

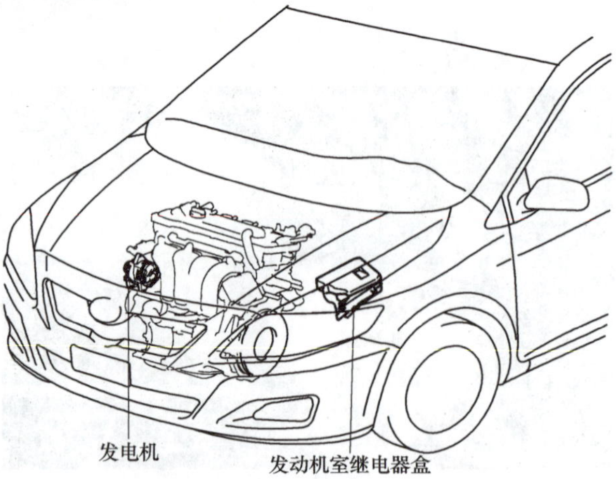

（2）汽车发电机的控制过程

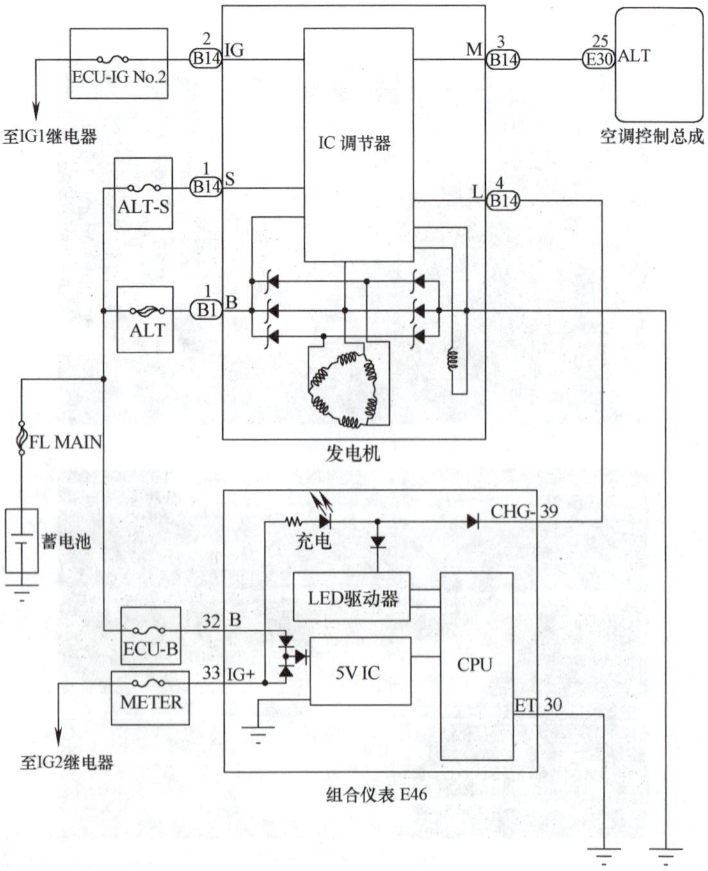

（3）汽车发电机的组成

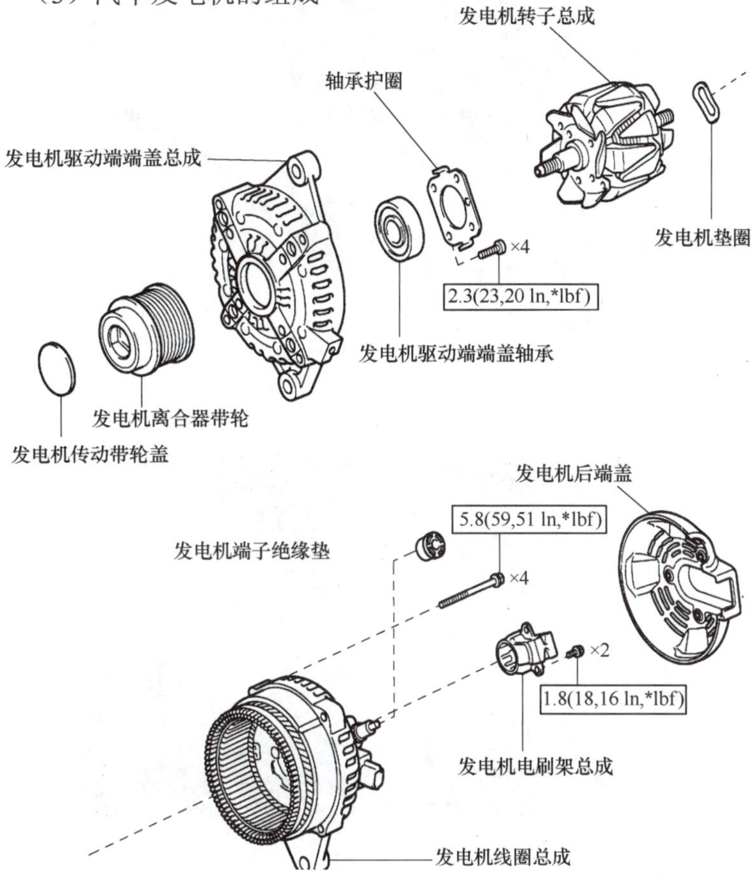

汽车发电机部件组成示意图

汽车发电机主要由发电机离合器带轮、驱动端端盖总成、发电机转子总成、电刷架总成、发电机后端盖等组成

5. 任务实施

（1）随车拆卸发电机

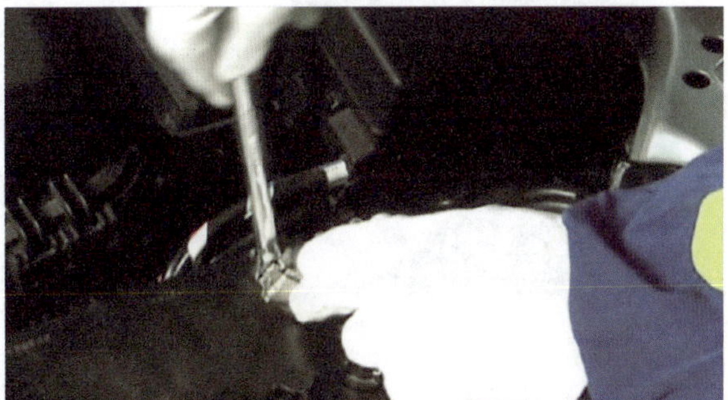

☐ 拆卸蓄电池负极搭铁，并断开蓄电池负极端子电缆

☐ 断开发电机插接器和线束卡夹

□ 利用棘轮扳手拆卸螺母（如右图所示），将线束从端子 B 上断开

□ 断开发电机后面线束插接器

□ 拆下发电机内的两个固定螺栓和发电机总成

□ 放松发电机传动带，并取下发电机总成

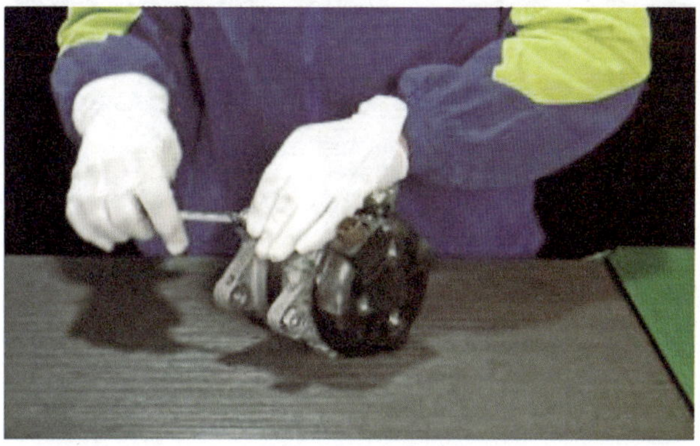

□ 检查发电机外观有无脏尘或破损

□ 检查发电机带轮有无破损，旋转是否自由

（2）检修转子总成

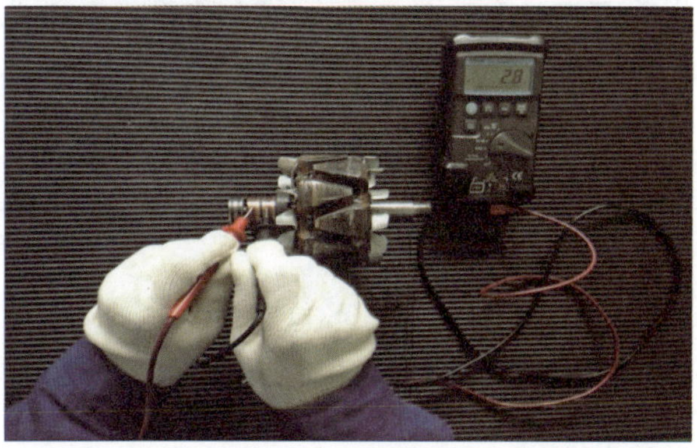

□ 检查发电机转子是否断路

□ 用数字万用表测量集电环之间的电阻值

连接状态	条件	规定
集电环 - 集电环	温度约 20℃	2.3~2.7 Ω

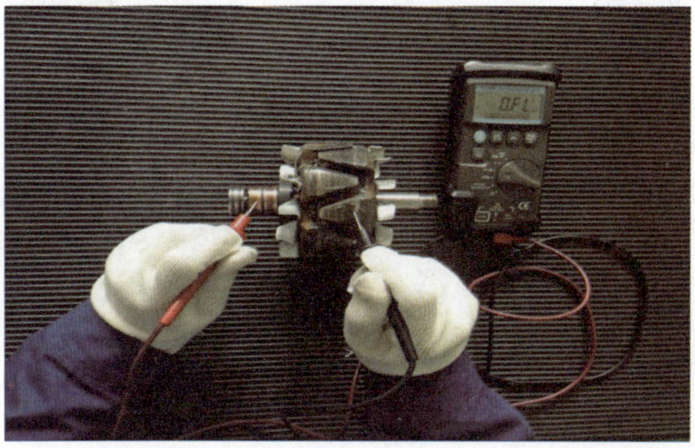

□ 检查发电机转子是否对搭铁短路

□ 用数字万用表测量集电环与转子之间的电阻值

连接状态	条件	规定
集电环 - 转子	始终	≥ 1M Ω

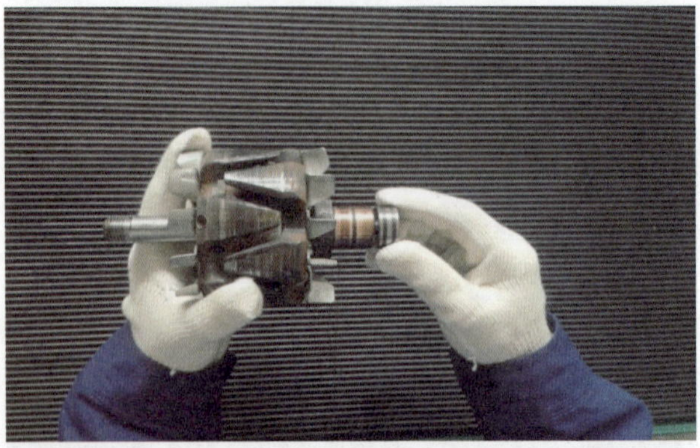

□ 检查并确认发电机转子轴承是否变粗糙或磨损

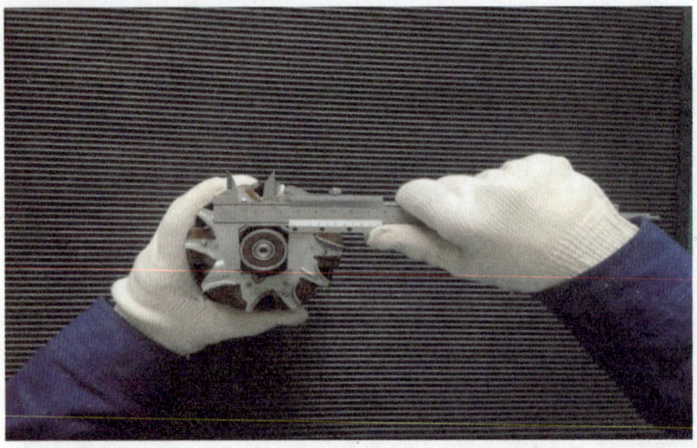

□ 用游标卡尺测量集电环直径（标准值为 14.2~14.4mm，最小直径为 14.0mm）

（3）检修电刷架总成

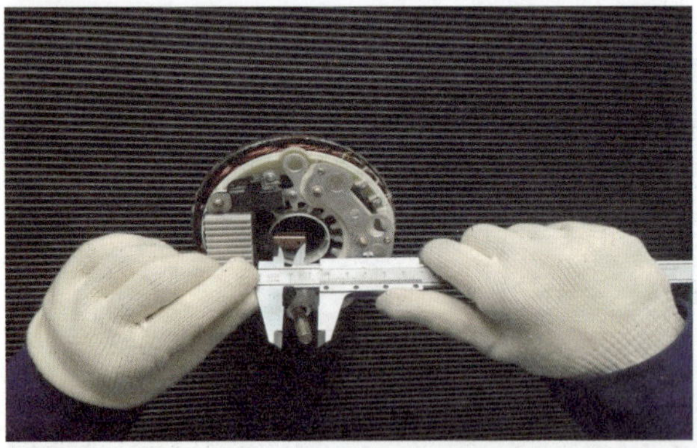

□ 利用游标卡尺测量电刷的外露长度，标准外露长度为 9.5~11.5mm，最小外露长度为 4.5mm

检查结果：________________________

____

采取措施：____________

____

____

（4）安装发电机

□ 安装发电机总成

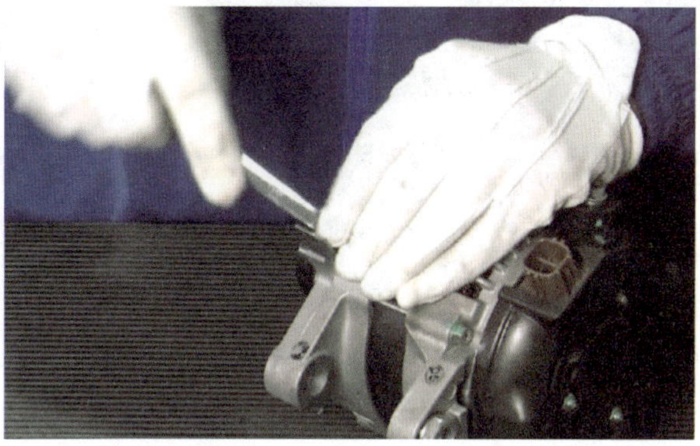

☐ 旋松发电机后部螺母，便于安装线束

☐ 对准发电机总成底座安装螺孔，安装发电机底座螺栓

☐ 安装发电机前部两个调节螺栓和发电机总成，注意调整发电机安装位置

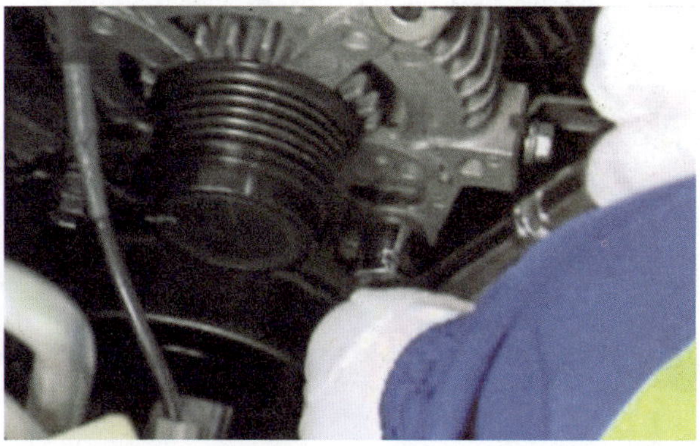

☐ 安装发电机总成V带，通过调节螺栓来调节V带张紧力至规定值

□ 安装螺母并将线束在端子B上固定，至规定扭矩值9.8N·m

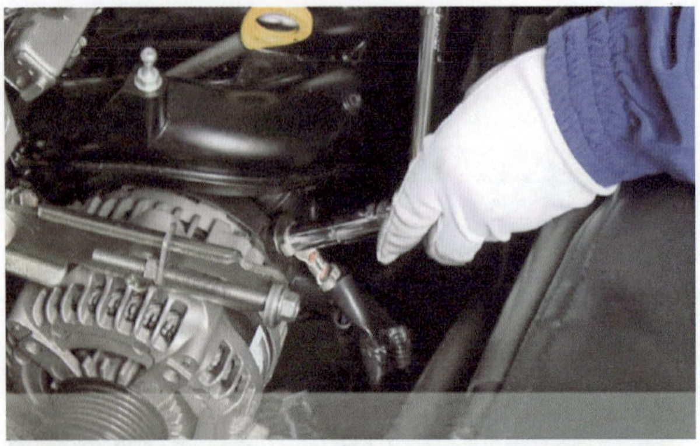

□ 连接好发电机后端线束，确保线束连接牢固可靠

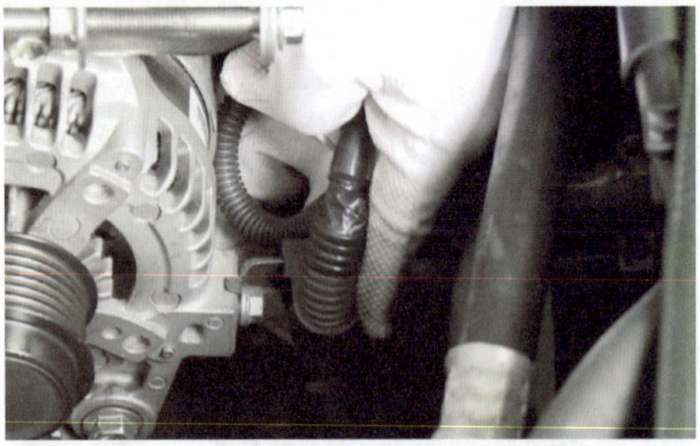

（5）性能测试

□ 做好起动前安全检查，起动发动机，保持怠速运行

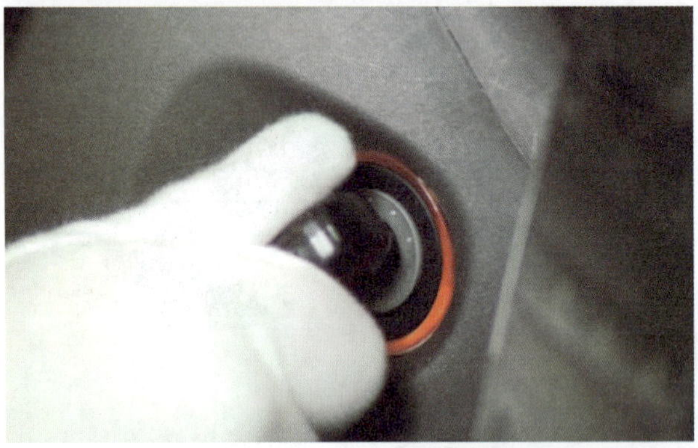

□ 观察仪表盘上充电指示灯的工作状态

检查结果：______________________

____

采取措施：______________

____

____

□ 用软布擦拭车辆外车身，清洁车身脏尘，避免车身留下刮痕

（6）工位整理

□ 整理所使用的工具、量具、实训设备，用软布擦拭工量具表面脏尘，做好工量具与相关设备的维护工作

□ 清扫实训工位地面，清除地面油污、废料、尘土，保持地面干净、整洁

6. 任务评价

认真填写“实训项目工单”。

实训项目工单

<table>
<tr><td>姓名</td><td></td><td>故障车型</td><td></td><td>行驶里程</td><td></td></tr>
<tr><td>完成时间</td><td colspan="3"></td><td>成绩</td><td></td></tr>
<tr><td>项目名称</td><td colspan="5">发电机检修</td></tr>
<tr><td>任务目的</td><td colspan="5">掌握汽车发电机部件的主要检修内容
能正确、规范地进行汽车发电机的检修操作流程</td></tr>
<tr><td colspan="6">任务准备</td></tr>
<tr><td>必要的理论知识要点</td><td colspan="5">1. 概述汽车发电机的功用
____
____
2. 汽车充电系统由哪些部件组成？找出部件的实际安装位置
____
____________________</td></tr>
<tr><td>所涉及实训工具</td><td colspan="5"></td></tr>
<tr><td colspan="6">任务反馈</td></tr>
<tr><td rowspan="10">分项检查操作情况</td><td>检查项目</td><td colspan="2">正常打√，异常打×</td><td colspan="2">异常原因分析（主要）</td></tr>
<tr><td>步骤 1</td><td colspan="2">□ 前期基本检查到位</td><td colspan="2">关键部位检查缺失</td></tr>
<tr><td>步骤 2</td><td colspan="2">□ 能正确选用工具</td><td colspan="2">工具选用错误</td></tr>
<tr><td>步骤 3</td><td colspan="2">□ 能正确完成充电系统的工作检查</td><td colspan="2">拆装操作不规范</td></tr>
<tr><td>步骤 4</td><td colspan="2">□ 能规范拆卸发电机总成</td><td colspan="2">拆装操作不规范</td></tr>
<tr><td>步骤 5</td><td colspan="2">□ 对转子总成检查规范，项目到位</td><td colspan="2">操作不规范，存在安全隐患</td></tr>
<tr><td>步骤 6</td><td colspan="2">□ 对电刷架总成检测规范，项目到位</td><td colspan="2">检修项目不全面，存在缺失</td></tr>
<tr><td>步骤 7</td><td colspan="2">□ 能正确安装发电机总成</td><td colspan="2">检修项目不全面，存在缺失</td></tr>
<tr><td>步骤 8</td><td colspan="2">□ 各拆装工具能正确使用</td><td colspan="2">操作方法错误</td></tr>
<tr><td>步骤 9</td><td colspan="2">□ 工具、部件摆放是否整齐</td><td colspan="2">7S 运用不到位</td></tr>
<tr><td>归纳该项目操作要点</td><td colspan="5">在进行发电机总成拆装操作时，应注意哪些操作要点？
____
____________________</td></tr>
<tr><td colspan="6">任务评价</td></tr>
<tr><td rowspan="5">学生自我评价（40%）</td><td>项目</td><td>得分</td><td>项目</td><td colspan="2">得分</td></tr>
<tr><td>A：任务实施 10 分</td><td></td><td>D：小组协作 10 分</td><td colspan="2"></td></tr>
<tr><td>B：课堂纪律 10 分</td><td></td><td>E：安全操作 10 分</td><td colspan="2"></td></tr>
<tr><td>C：质量反馈 10 分</td><td></td><td>F：7S 应用 10 分</td><td colspan="2"></td></tr>
<tr><td colspan="5">您认为该改善的项目是____________________　　您的得分：__________</td></tr>
</table>

（续）

小组评价 （30%）	□ 优秀（90 ～ 100 分）　□ 良好（81 ～ 89 分） □ 及格（60 ～ 80 分）　□ 不合格（60 分以下）　您的得分：________
实训小结 （10%） （学生填写）	（说说自身的收获）　您的得分：________
教师点评 （20%）	（对你的课堂表现）　您的得分：________
总分	
你知道吗？ 	一般汽车运转时，由发电机、调节器、蓄电池等组成的充电系统的工作情况，可通过充电指示灯来判断是否正常，充电系统有时会出现不充电、充电电流过大或过小、充电电流不稳等故障现象。 我们对发电机的维护主要包括：检查发电机传动带的状态和张紧度，清洁表面的油污和灰尘，检查导线的状态和紧固状况等。发电机传动带的正常使用寿命一般为 60000~80000km；发电机表面的油污和杂质需要定期清除，防止漏电，并阻止灰尘和油污进入发电机内部造成内部机件故障。

拓展迁移

1. 模拟相似故障，根据所学知识，排除大众帕萨特轿车充电系统的故障。

2. 结合实车，观察丰田卡罗拉轿车的充电系统与大众帕萨特轿车的充电系统有什么不同。**（提示：可以从部件安装位置等方面来考虑）**

项目六 蓄电池检修

学习目标

1. 能说出汽车蓄电池的作用、结构组成及实际安装位置。
2. 能正确记录汽车蓄电池检修的内容要点。
3. 能规范完成汽车蓄电池检修的操作流程。
4. 能自觉养成 7S 自主管理的行为习惯。

项目导读

蓄电池检修是汽车检修的典型项目之一。车主前期驾驶操作不当、车辆线路老化、车辆使用年限 / 里程等因素，都会使汽车蓄电池产生故障，导致车辆亏电。遇到此类问题，作为汽车维修工，应事先对汽车蓄电池的作用、结构组成、工作过程等基础知识有一定的认识，掌握一些维修工具名称及使用方法，并按照科学的检修流程排除故障。

学时建议

建议安排 3 学时。其中，蓄电池检修的操作流程（任务实施环节）是教学重点，也是教学难点，建议安排 2 学时。

资料收集

思考：汽车蓄电池有什么作用？主要由哪些部分组成？ 在检修过程中，需要哪些工具？

1. 利用相关网站

易车网提供汽车维修养护、车辆贷款、以旧换新等专业服务，拥有规模最大、更新最及时的车型数据、汽车报价及图片，其中，“维修养护”涵盖了动力系统养护、车身养护、底盘养护、电器养护等方面知识，关于汽车任何部件的检修信息，均可以查询到。

“易车网”网站运行首页

你知道吗？说说以下工具的名称。

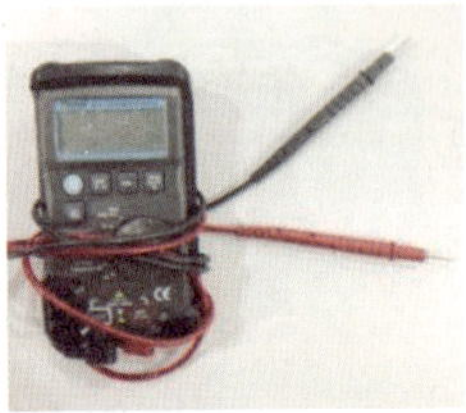

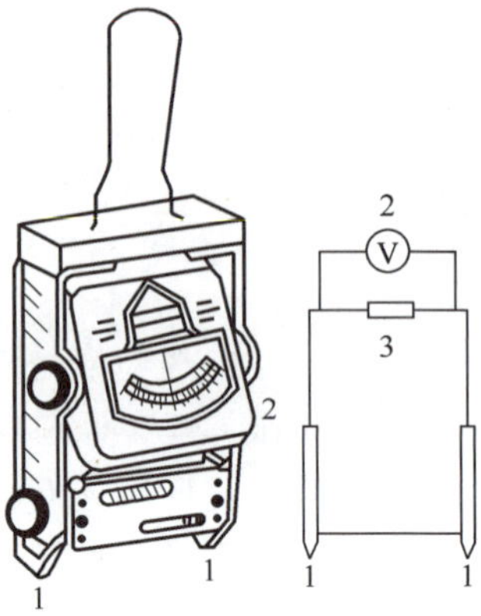

____________ ____________ ____________

2. 教学实施准备

汽车电气实训室布置图

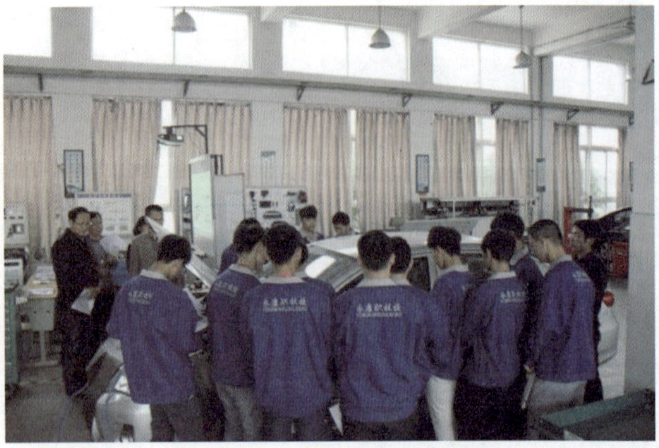

7S 实训管理风采：观摩操作

活动展开

1. 问题情境

一辆 2004 年生产的卡罗拉 1.6 AT 汽车，行驶里程为 84286km，车主反映车辆无法起动，发动机无任何着车迹象，你能帮助他解决问题吗?

试车后，汽车发动机无法正常工作，发现仪表盘各指示灯均不亮，需要做进一步检查。

导致汽车无法“着车”的原因有哪些?

____

____

____

____

2. 任务准备

（1）信息登记

对照“实训项目工单”，记录维修车辆基本信息。

（2）外观检查

检查与登记车辆使用状况（车身外观情况、燃油情况等），标注：

○ 刮花

× 凹痕、划痕

△ 裂纹

（在车辆的相应部位，标记相应符号）

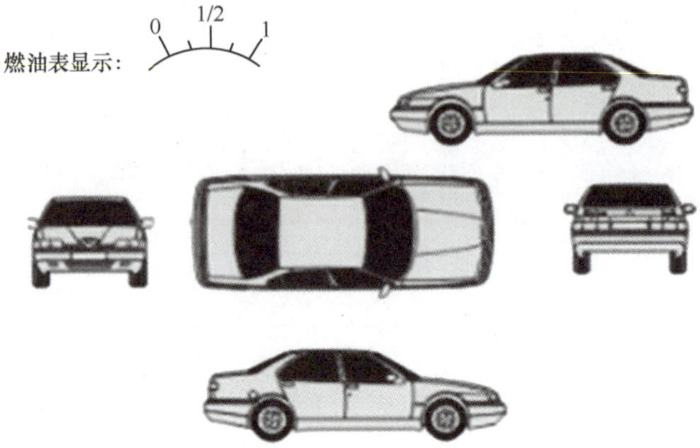

（3）进入工位

进入工位，我们应该做好以下工作：

□ 穿好工作服

□ 维修安全自检

□ 准备所涉及的维修工具

□ 调试举升机

□ 整顿设备仪器摆放

（待完成后，在相应方框内打√）

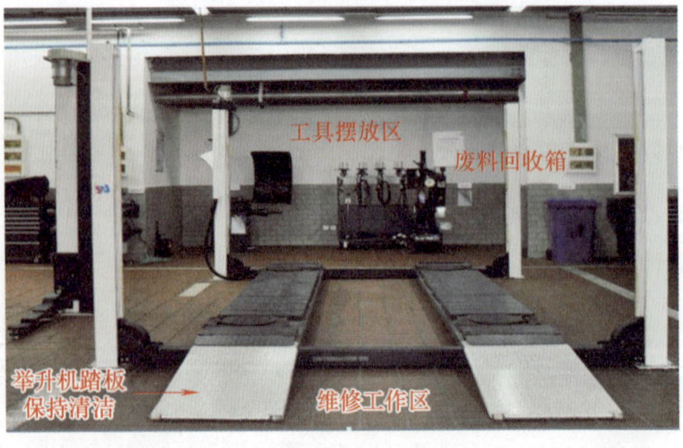

3. 查询故障

（1）前期准备

□ 打开发动机舱盖，并安装车辆挡块、左右翼子板布、前格栅布

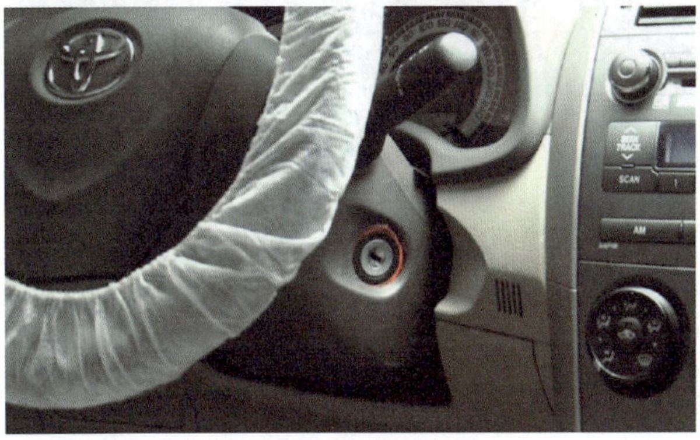

□ 关闭点火开关，使点火开关处于 OFF 位置

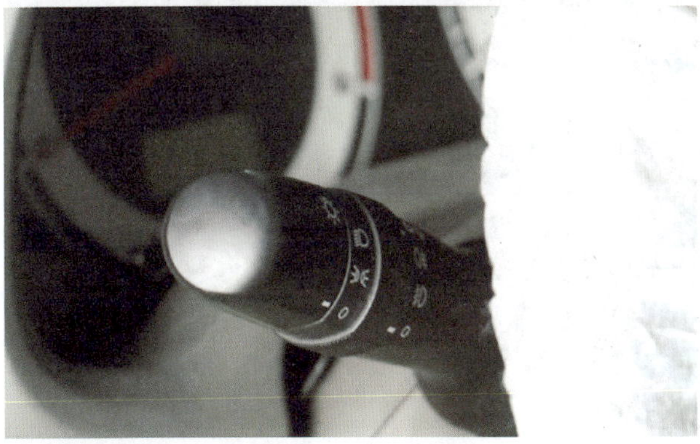

□ 关闭灯光开关（换档开关处于关闭状态）

□ 将变速器档位置于 P 位

□ 拉起驻车制动器，使车辆处于静止状态

（2）检测蓄电池

□ 检查蓄电池外观，查看固定是否牢固，有无裂纹、破损等异常现象

□ 检查蓄电池正、负极接线柱有无氧化、破损等异常情况

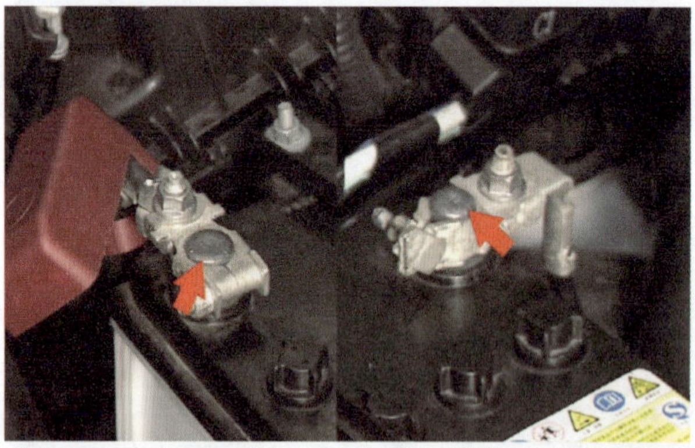

□ 检查蓄电池正、负极接线柱有无松动

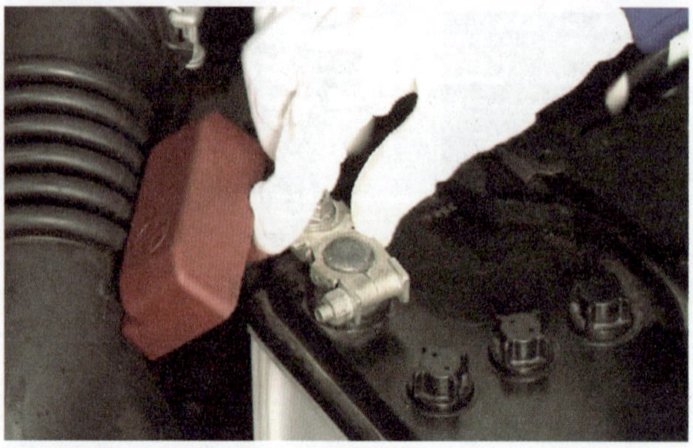

检查结果（极柱、外观等）：__

____

采取措施：__________

____

☐ 擦拭蓄电池外观灰尘，保持表面干净

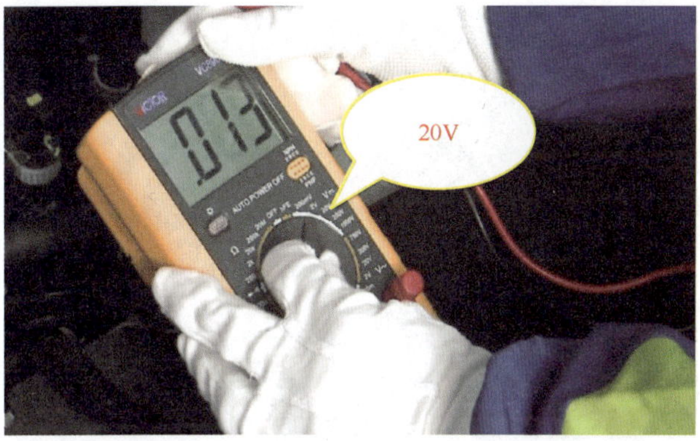

☐ 利用数字万用表检测，选取正确的档位，调至 DC 20V 档位

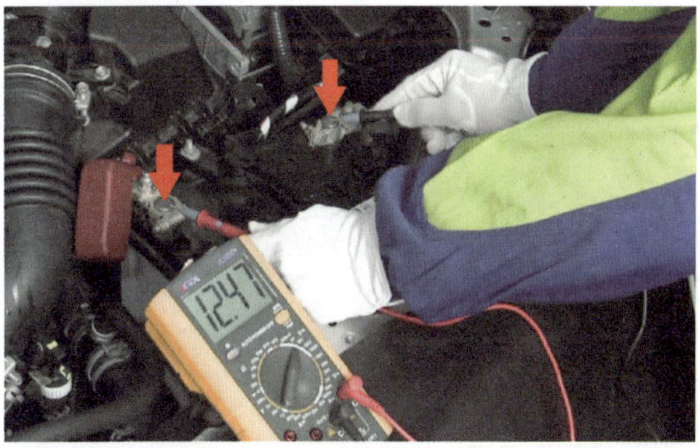

☐ 将万用表的“+”表笔接蓄电池“+”接线柱；“−”表笔接蓄电池“−”接线柱，读取蓄电池静态开路电压值

静态电压值：________________

____

____

____

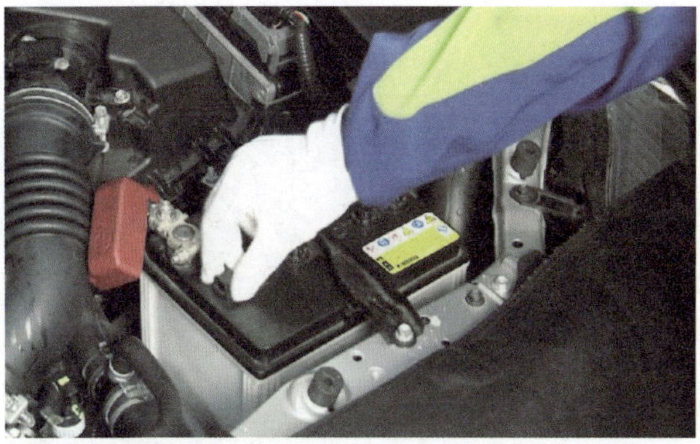

☐ 旋开蓄电池电解液加注口盖，检查加注口盖有无裂纹、损坏现象

□ 利用手电筒检查蓄电池电解液液位是否处于标准范围

对于不透明的蓄电池应用玻璃管吸取极板上方的电解液然后观察液位，应在10~15mm，否则应适当加注蒸馏水。

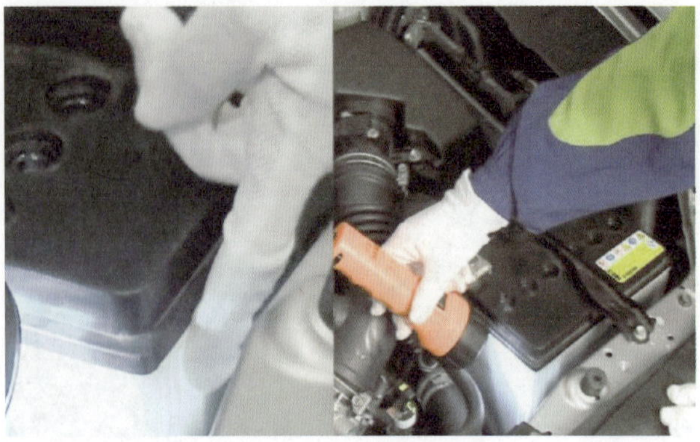

电解液液位：________

____

____

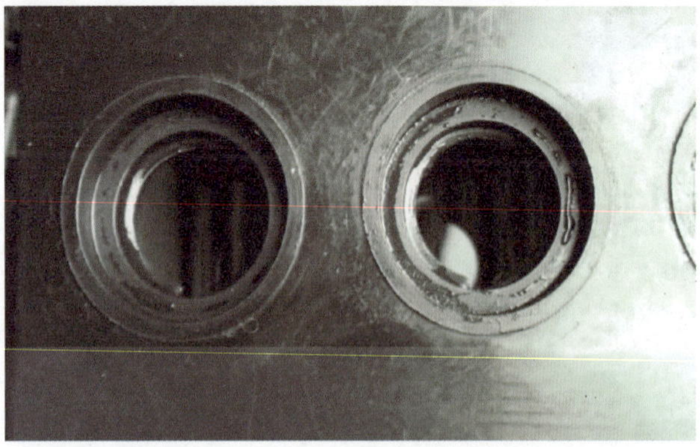

当吸取电解液时，要防止电解液滴落，如有滴落，应立即用蘸有苏打水的清洁布清洁。

□ 利用电解液密度计，检查蓄电池电解液密度值

□ 先用专用布条擦拭电解液密度计的外部

□ 再用专用软管对蓄电池电解液进行取样

□ 将提取的蓄电池电解液滴落在密度计观察口上部，测量电解液密度值

在测量电解液密度时，须防止电解液沾在皮肤和眼睛上，以免烧伤。若不小心沾上，应立即用苏打水洗净。

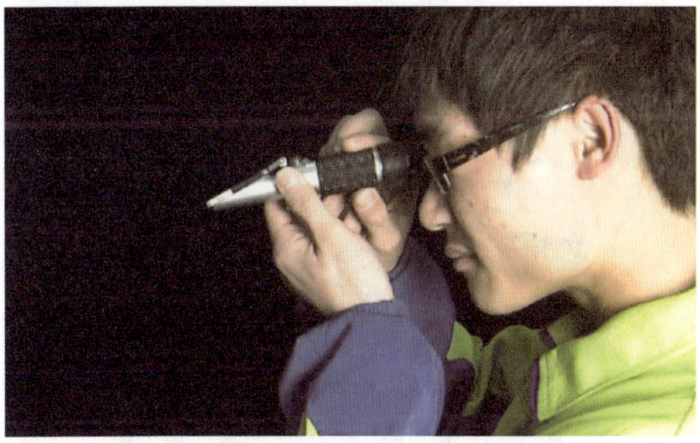

20℃室温下，电解液密度标准值为 1.25~1.29g/L。

检查结果：___________

____

____

4. 知识链接

（1）汽车蓄电池的作用

汽车蓄电池的功用：①起动发动机时，给起动机提供强大的起动电流（一般高达 200~600A）；②当发电机过载时，可以协助发电机向用电设备供电；③当发动机处于怠速时，向用电设备供电；④蓄电池还是一个大容量电容器，可以保护汽车的用电器；⑤当发电机端电压高于铅蓄电池的电动势时，可将一部分电能转变为化学能储存起来，也就是进行充电。

（2）汽车蓄电池的组成

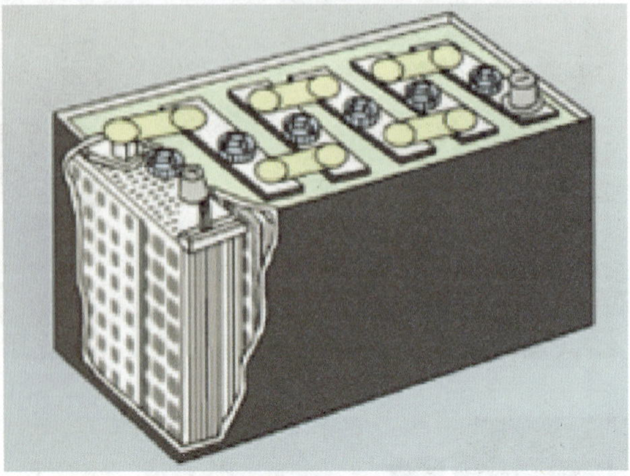

普通型蓄电池一般由 3 只或 6 只单格电池串联而成，每只单格电池的额定电压为 2V。

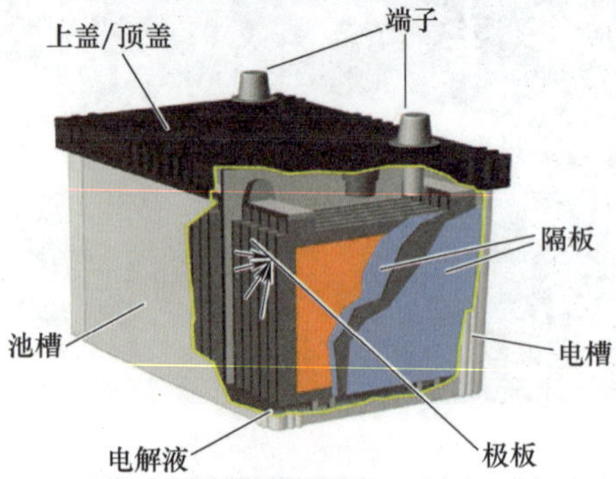

蓄电池主要由正负极端子、隔板、电解液、上盖等部件组成。

（3）汽车蓄电池的分类

汽车蓄电池分为免维护蓄电池和普通铅酸蓄电池。

免维护蓄电池由于自身结构上的优势，电解液的消耗量非常小，不需要补充蒸馏水，具有耐振、耐高温、体积小、自放电小的特点，使用寿命一般为普通蓄电池的两倍。

免维护蓄电池

普通铅酸蓄电池，其极板是由铅和铅的氧化物构成的，电解液是硫酸的水溶液，主要优点是电压稳定、价格便宜，缺点是比能低（即 1kg 蓄电池存储的电能）、使用寿命短和日常维护频繁。

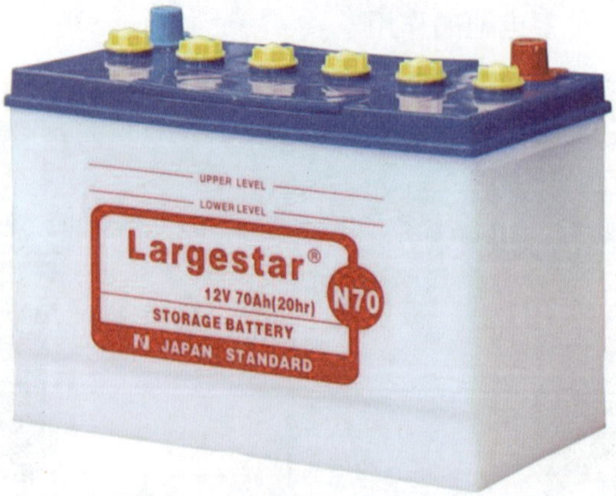

普通铅酸蓄电池

（4）汽车蓄电池的安装位置

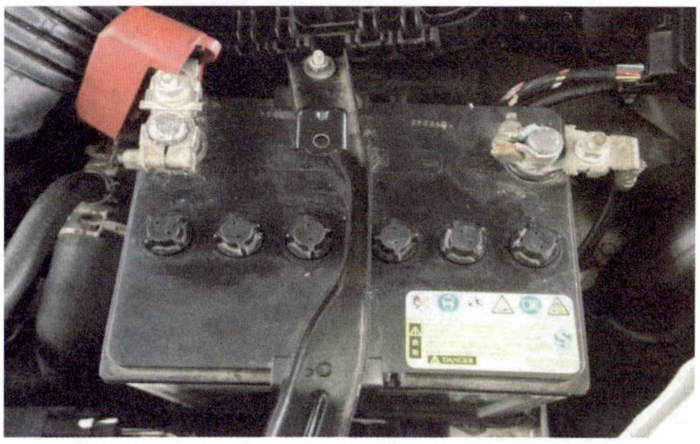

参考左图，找出汽车蓄电池的实际安装位置。

5. 任务实施

（1）随车检修

□ 测量蓄电池起动时的电压值

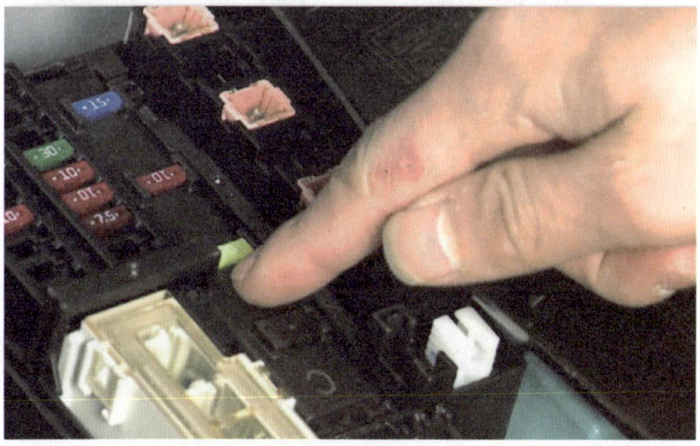

□ 找到电子燃油喷射器熔丝的实际安装位置，并拆卸电子燃油喷射器熔丝（20A）

□ 用专用工具拆卸电子燃油喷射器熔丝

□ 利用数字万用表，选取正确的档位，设置 DC 20V 档位

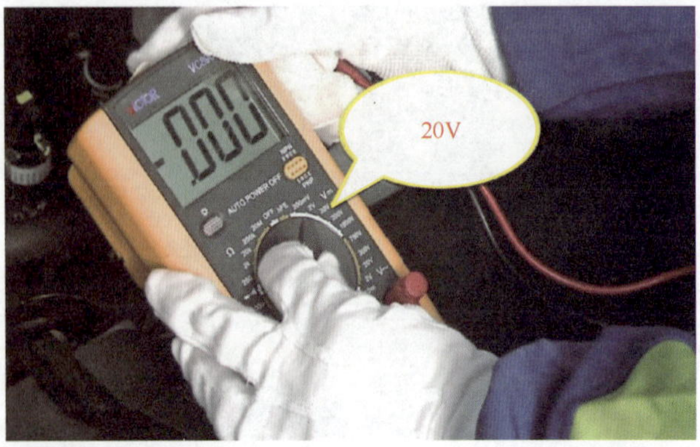

□ 将万用表的“+”表笔接蓄电池“+”接线柱，“-”表笔接蓄电池“-”接线柱

□ 起动发动机，读取蓄电池起动时的电压值（正常时，蓄电池电压应大于或等于9.6V）

起动电压值：________________

____

____

____

□ 起动发动机时，起动时间不能超过 5s，再次起动测试时，要保持间隔 15s 以上

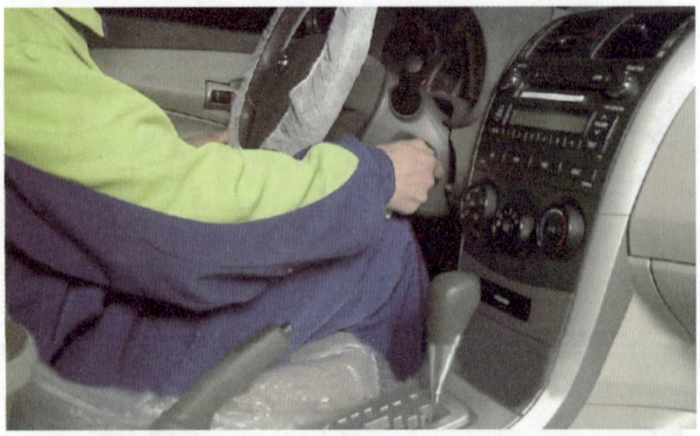

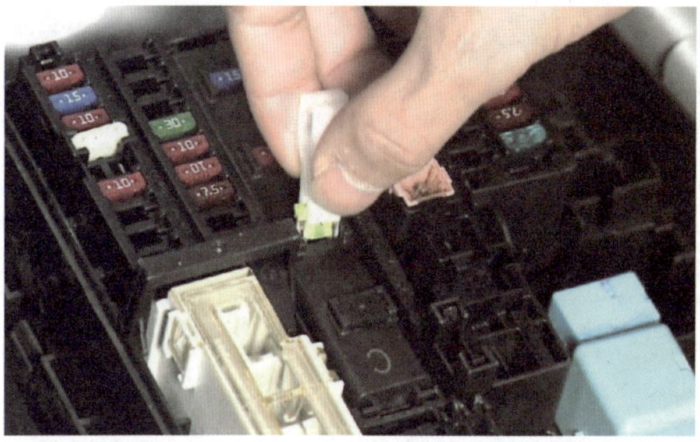

□ 用专用工具安装电子燃油喷射器熔丝

□ 安装熔丝盒

（2）使用专用工具检修

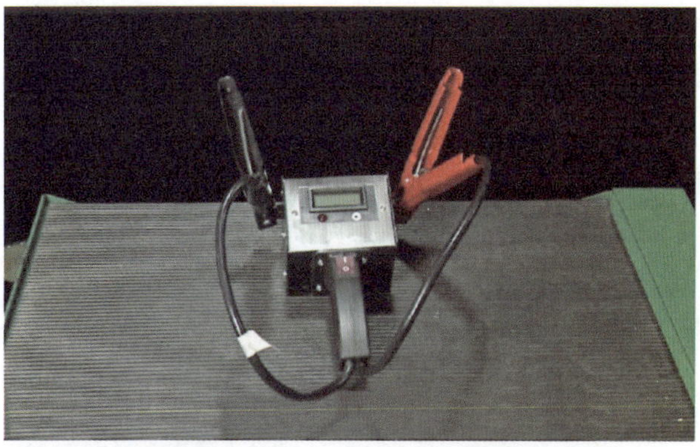

□ 使用专用工具（高率放电计）测量蓄电池性能状况

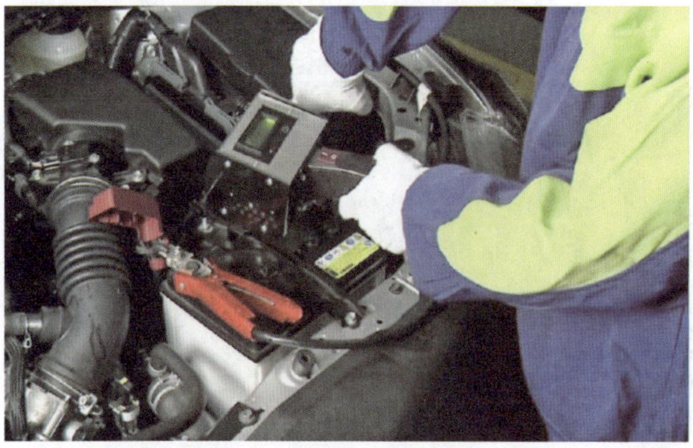

□ 连接高率放电计与蓄电池的正负极接线柱

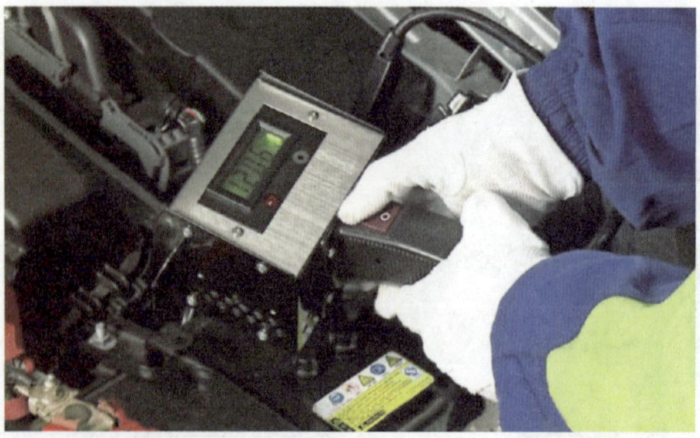

□ 打开高率放电计电源，观察电压值情况。（正常值在 10V 以上，否则是蓄电池亏电或蓄电池已损坏。）

检查情况：________

____

____

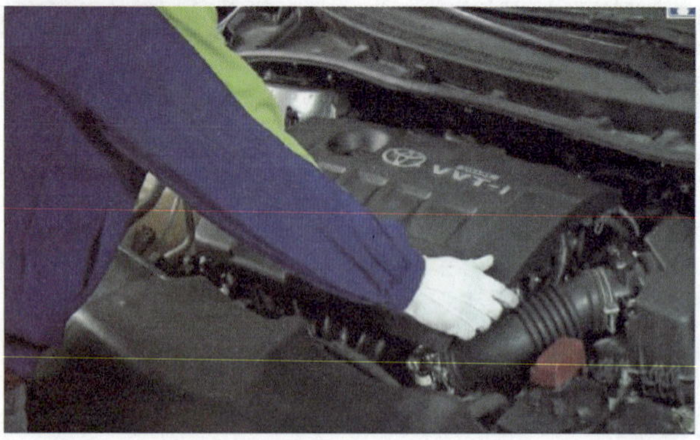

□ 安装发动机装饰罩

(3) 工位整理

□ 用软布擦拭车辆外车身，清洁车身脏尘，避免车身留下刮痕

□ 整理所使用的工具、量具、实训设备，用软布擦拭工量具表面脏尘，做好工量具与相关设备的维护工作

☐ 清扫实训工位地面，清除地面油污、废料、尘土，保持地面干净、整洁

6. 任务评价

认真填写“实训项目工单”。

实训项目工单

姓名		故障车型		行驶里程	
完成时间				成绩	
项目名称	**蓄电池检修**				
任务目的	掌握汽车蓄电池部件的主要检修内容 能正确、规范地进行汽车蓄电池的检修操作流程				
任务准备					
必要的理论知识要点	1. 概述汽车蓄电池的功用 ______ ______ 2. 汽车蓄电池由哪些部件组成？找出它的实际安装位置 ______ ______				
所涉及实训工具					
任务反馈					
分项检查操作情况	检查项目	正常打√，异常打×		异常原因分析（主要）	
	步骤 1	☐ 前期基本检查到位		关键部位检查缺失	
	步骤 2	☐ 能正确选用工具		工具选用错误	
	步骤 3	☐ 能正确完成蓄电池基本检查操作		检查操作不规范	
	步骤 4	☐ 能规范拆卸汽车蓄电池		拆装操作不规范	
	步骤 5	☐ 对蓄电池外观检查规范，项目到位		操作不规范，存在安全隐患	
	步骤 6	☐ 对蓄电池工作检测规范，项目到位		检修项目不全面，存在缺失	
	步骤 7	☐ 能正确安装汽车蓄电池		操作不规范，存在安全隐患	
	步骤 8	☐ 各拆装工具能正确使用		操作方法错误	
	步骤 9	☐ 工具、部件摆放是否整齐		7S 运用不到位	

（续）

归纳该项目操作要点	进行蓄电池检测操作时，应注意哪些操作要点？ ____________________ ____________________			
任务评价				
学生自我评价（40%）	项目	得分	项目	得分
	A：任务实施 10 分		D：小组协作 10 分	
	B：课堂纪律 10 分		E：安全操作 10 分	
	C：质量反馈 10 分		F：7S 应用 10 分	
	您认为该改善的项目是____________			您的得分：______
小组评价（30%）	□ 优秀（90 ～ 100 分） □ 良好（81 ～ 89 分） □ 及格（60 ～ 80 分） □ 不合格（60 分以下）			您的得分：______
实训小结（10%）（学生填写）	（说说自身的收获） ____________________ ____________________			您的得分：______
教师点评（20%）	（对你的课堂表现） ____________________ ____________________			您的得分：______
总分				
你知道吗？ 	汽车蓄电池一般可以使用 3 年以上，如果感觉充不进电或者起动机无力，前照灯明显变暗则需将蓄电池取下用充电机充电 12~24h。如果还不行，而行驶里程又达到了 50000km 以上，且发电机没有故障，就需考虑换蓄电池了。 国产免维护蓄电池，常见的有风帆、正野、非凡等品牌，价格根据蓄电池型号不同在 400 ～ 1000 元不等。			

拓展迁移

1. 模拟相似故障，根据所学知识，排除大众帕萨特轿车蓄电池的故障。

2. 结合实车，观察丰田卡罗拉轿车的蓄电池型号与大众帕萨特轿车的蓄电池型号有什么不同。**（提示：可以从型号、实际安装位置等方面来考虑）**

项目七

照明系统检修

学习目标

1. 能说出汽车照明系统的作用、部件组成及各车灯的实际安装位置。.
2. 能正确记录汽车照明系统主要部件检修的内容要点。
3. 能规范完成汽车照明系统的检修操作流程。
4. 能自觉养成 7S 自主管理的行为习惯。

项目导读

照明系统检修是汽车检修的典型项目之一。车辆线路老化、车辆使用年限、行驶里程等因素，都会使照明系统产生故障。遇到此类问题，作为汽车维修工，应事先对汽车照明系统的作用、结构组成、工作过程等基础知识有一定的认识，掌握一些维修工具名称及使用方法，并按照科学的检修流程排除故障。

学时建议

建议安排 5 学时。其中，照明系统检修的操作流程（任务实施环节）是教学重点，也是教学难点，建议安排 3 学时。

资料收集

思考：汽车照明系统有什么作用？汽车上有哪些车灯？在检修过程中，需要哪些工具？

1. 利用相关网站

中国汽车照明门户网（http://www.chinaautolighting.com）是中国第一个汽车改装行业的综合门户平台，它作为汽车改装行业内最大、最早、最专业、人气最旺的门户型社区，专注氙气灯生产、汽车氙气灯销售、音响改装、轮廓改装、氙气灯代理、提供氙气灯供应、氙气灯制造商资讯、各类 LED 车灯厂家、LED 车灯供应商等相关资料。

中国汽车照明门户网站

你知道吗？说说以下工具的名称。

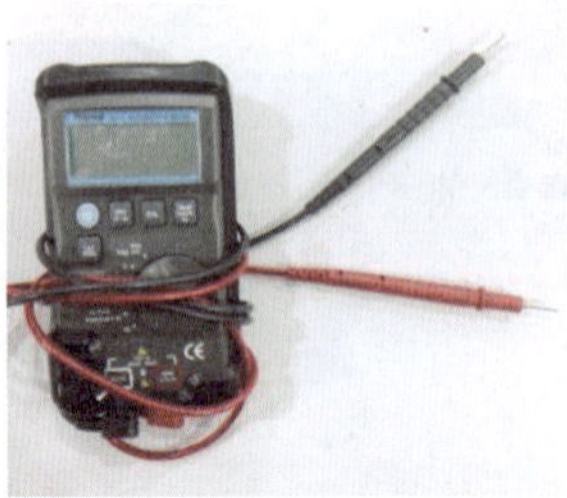

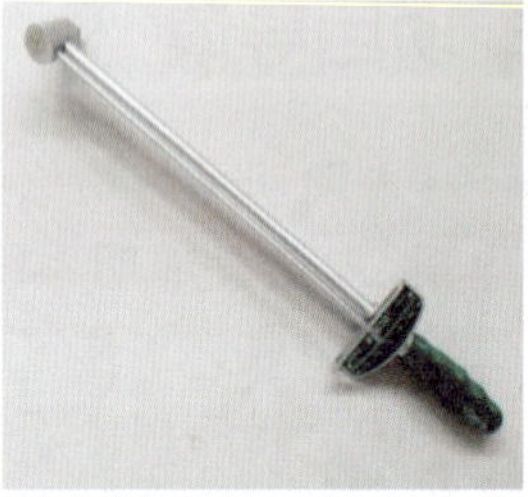

______________ ______________ ______________

2. 教学实施准备

汽车电气实训室布置图

7S 实训管理风采：立足于实践

活动展开

1. 问题情境

一辆 2004 年生产的卡罗拉 1.6 AT 汽车，行驶里程为 84286km，车主反映打开汽车中的车灯组合开关时，车辆远光灯能亮，但近光灯不亮，你能帮助他解决问题吗？

试车时发现，打开车灯组合开关时，仪表盘内近光灯指示灯亮，但车头近光灯不亮，需要做进一步检查。

导致汽车“近光灯不亮”的原因有哪些？

____

____

____

____

2. 任务准备

（1）信息登记

对照“实训项目工单”，记录维修车辆基本信息。

（2）外观检查

检查与登记车辆使用状况（车身外观情况、燃油情况等），标注：

○ 刮花

× 凹痕、划痕

△ 裂纹

（在车辆的相应部位，标记相应符号）

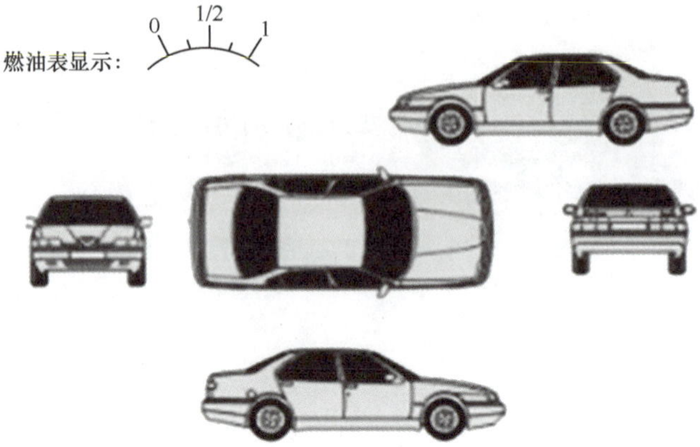

（3）进入工位

进入工位，我们应该做好以下工作：

□ 穿好工作服

□ 维修安全自检

□ 准备所涉及的维修工具

□ 调试举升机

□ 整顿设备仪器摆放

（待完成后，在相应方框内打√）

3. 读取故障

（1）前期准备

□ 打开发动机舱盖，并安装车辆挡块、左右翼子板布、前格栅布

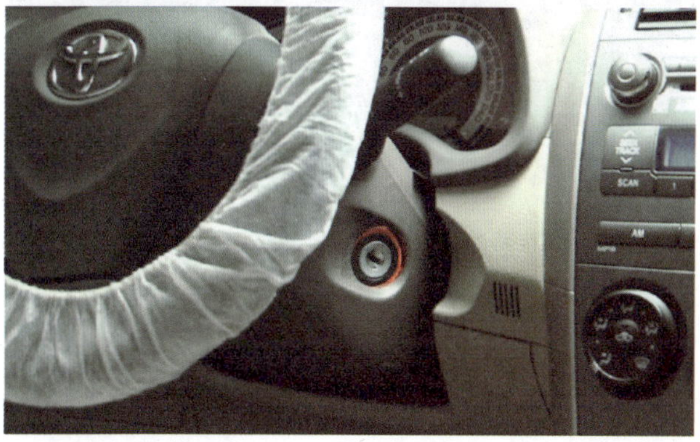

□ 关闭点火开关，使点火开关处于 OFF 位置

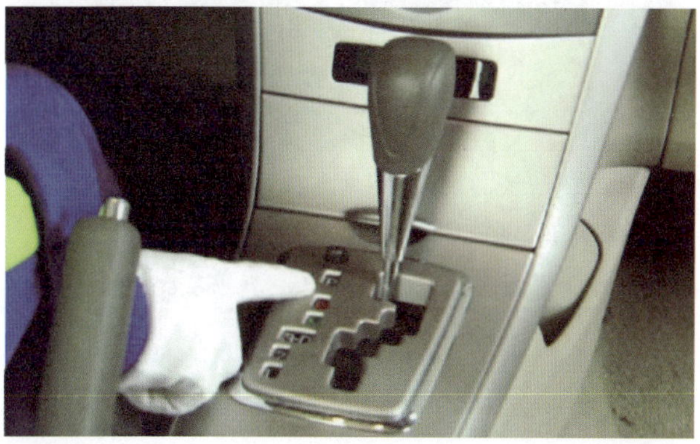

□ 将变速器档位放置于 P 位

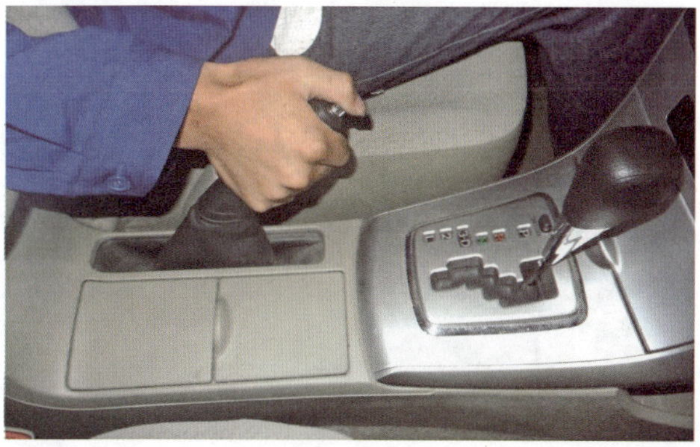

□ 拉起驻车制动器，使车辆处于静止状态

（2）检查灯光

□ 检查灯光组合开关是否处于关闭状态

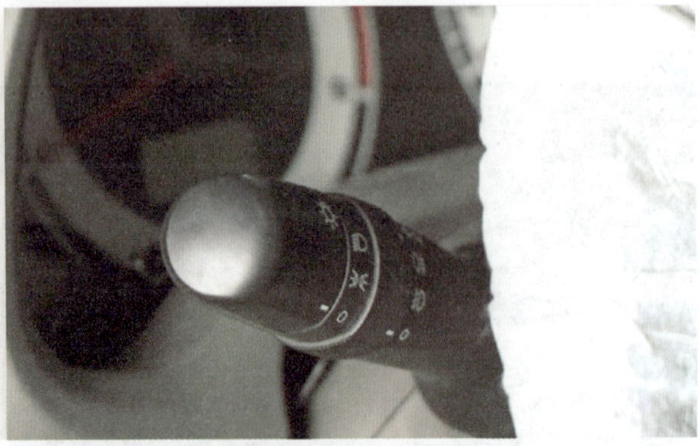

□ 将车辆前轮对准直行位置，摆正车辆，便于灯光检查

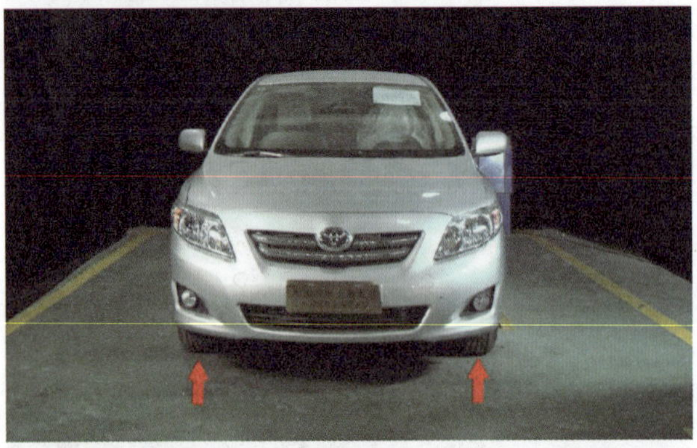

□ 打开点火开关，将点火开关旋到 ON 位置，再将变光器开关旋至如右图所示位置

□ 检查示宽灯指示灯点亮情况，观察车外相应的灯光（示宽灯）是否点亮

□ 继续将变光器开关旋至如左图所示的位置

□ 检查仪表盘前照灯（近光灯）指示灯点亮情况，观察车外相应的前照灯（近光灯）是否正常点亮

□ 将变光器开关向下方按压

□ 检查仪表盘前照灯（远光灯）指示灯点亮情况，观察车外相应的前照灯（远光灯）是否正常点亮

□ 将变光器开关向左拨动，观察车外部的左转向指示灯是否能以一定频率闪烁

□ 将变光器开关向右边拨动，观察车外部的右转向指示灯是否能以一定频率闪烁

检查结果：________________

____

____

____

4. 知识链接

（1）灯光组合开关的含义

灯光组合开关是将前照灯、尾灯、转向灯及变光灯开关制成一体的组合开关，常见的是旋转式组合开关，大多数安装在方向盘左下方转向柱上，并用左手操纵。

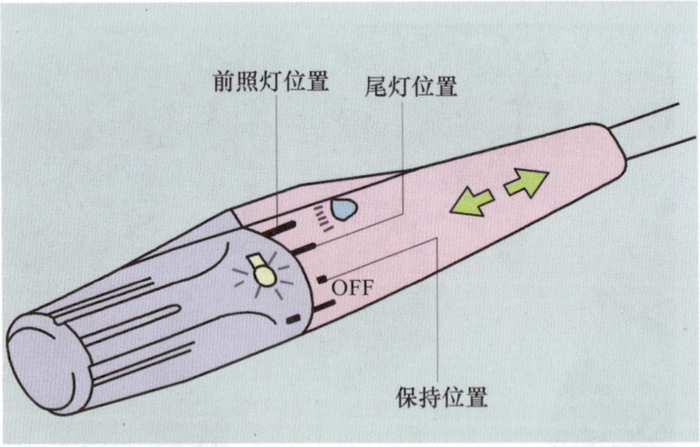

（2）灯光组合开关的控制原理

转向灯开关是控制转向信号灯光的装置，其控制方法为：①向斜下方拉开关手柄，左转向灯亮；②向斜上方推开关手柄，右转向灯亮；③在转向过程中，方向盘回转时，多数车辆的转向灯开关手柄会自动复位。

将开关手柄向前转动一档，示宽灯、后位灯和牌照灯亮，将开关手柄向前转动到底，全部照明灯亮，将开关手柄向后转到底，全部照明灯熄灭。

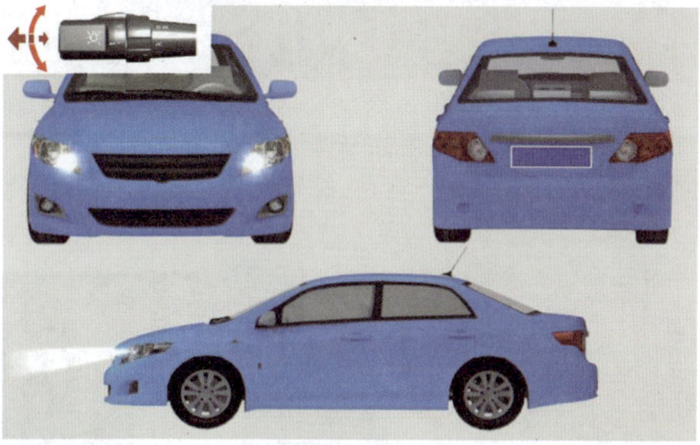

远近交替：将开关手柄向上拉，近光灯亮，向下推到底，远光灯亮。交替转换近光灯和远光灯时，可在近光灯亮的位置向上提开关手柄变远光灯，放松开关手柄变近光灯。

（3）灯光组合开关电路的控制

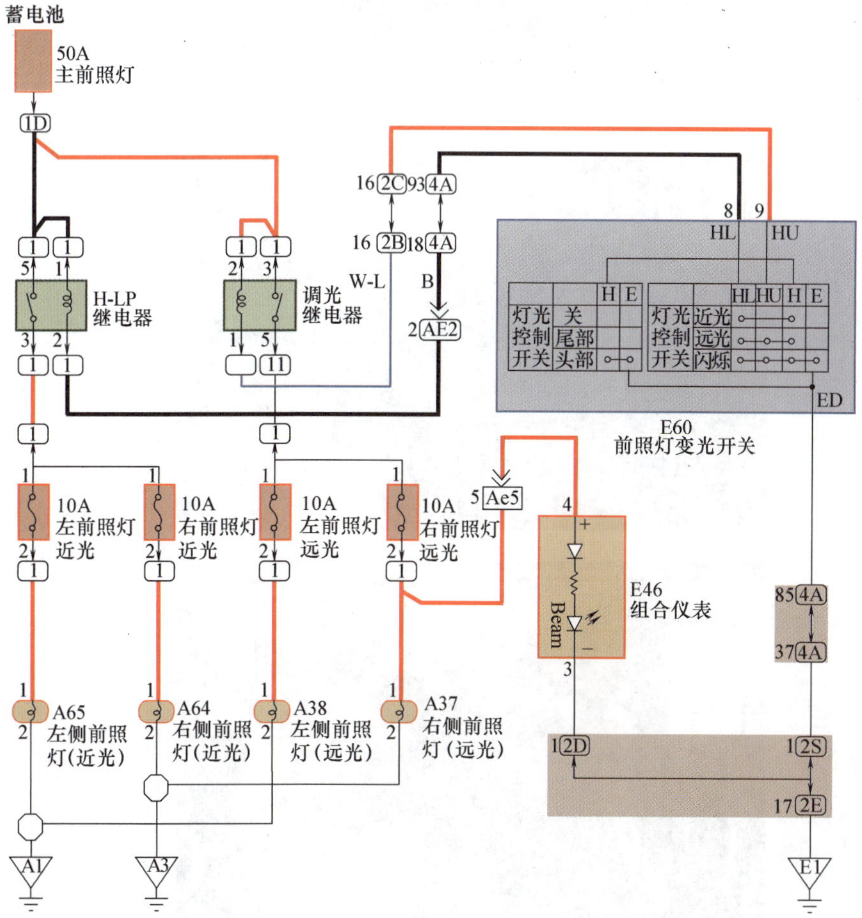

近光灯电路控制过程。

① 蓄电池电压→ 50A 主前照灯熔丝→ H-LP 继电器线圈（线圈闭合）→前照灯变光开关 E60 的 8 脚→前照灯变光开关 E60 的 11 脚→ E1 搭铁。

② 蓄电池电压→ 50A 主前照灯熔丝→ H-LP 继电器触点→左右侧前照灯亮→ A3 搭铁。

5. 任务实施

（1）检修前照灯变光继电器

☐ 打开发动机舱盖，并打开熔断器盒，找到前照灯变光继电器的实际安装位置

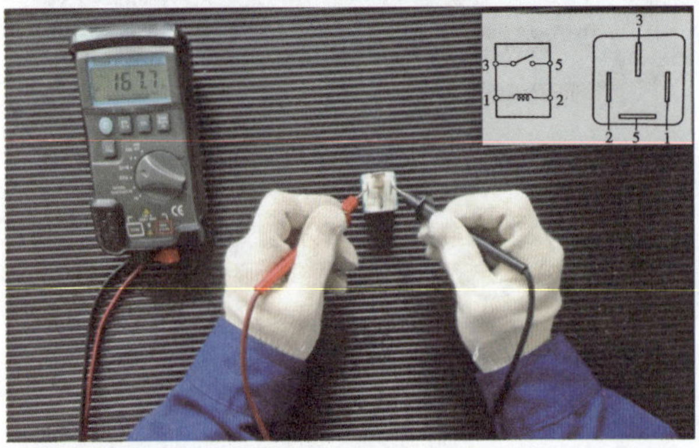

☐ 利用数字万用表检测继电器各端子之间电阻值

检测连接	条件	规定值
3 至 5	在端子 1 与 2 间未施加电压	≥10000 Ω
3 至 5	在端子 1 与 2 间施加电压	＜1 Ω

检查结果：__________

____

____

（2）检查控制线路

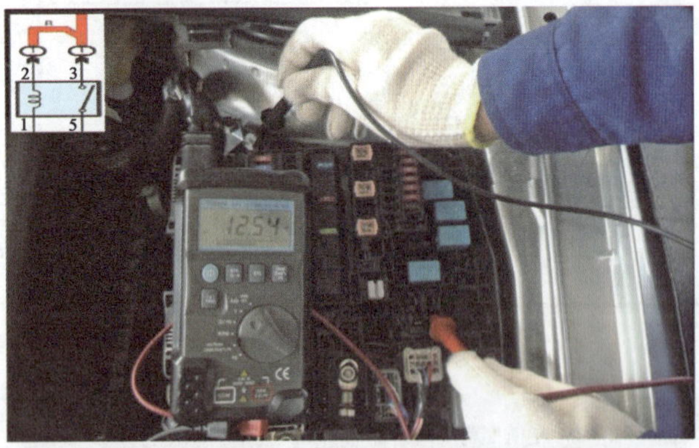

☐ 打开点火开关，使点火开关置于 ON 位置，并打开变光开关近光档，测量端子 2、3 供电情况

检测连接	条件	规定值
2 号至车身搭铁	打开点火开关和变光开关近光档	12～14V
3 号至车身搭铁		12～14V

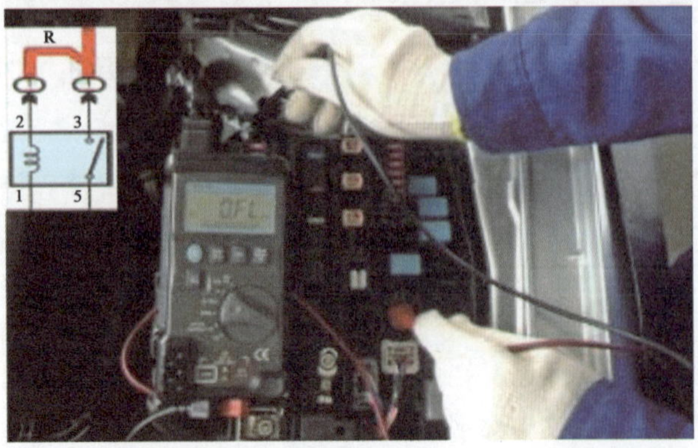

☐ 测量继电器座 1 号端子与车身搭铁连接情况

检测连接	条件	规定值
1 号至车身搭铁	始终	≥10000 Ω

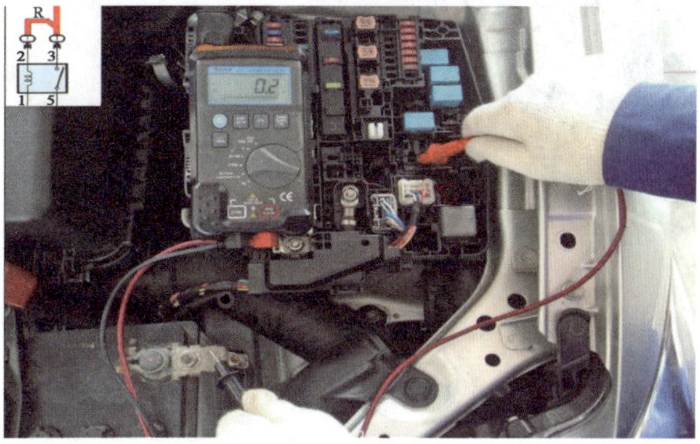

□ 测量继电器座 5 号端子与车身搭铁连接情况

检测连接	条件	规定值
5 号至车身搭铁	始终	< 1Ω

（3）拆卸灯光组合开关

□ 检查蓄电池外观有无松动、裂纹、破损等异常现象

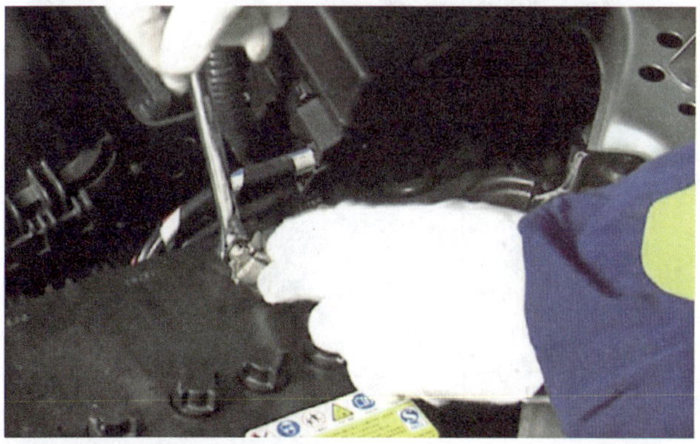

□ 用扳手拆卸蓄电池负极接线柱螺栓

在断开蓄电池负极电缆后，至少要等待 90s，防止气囊展开。

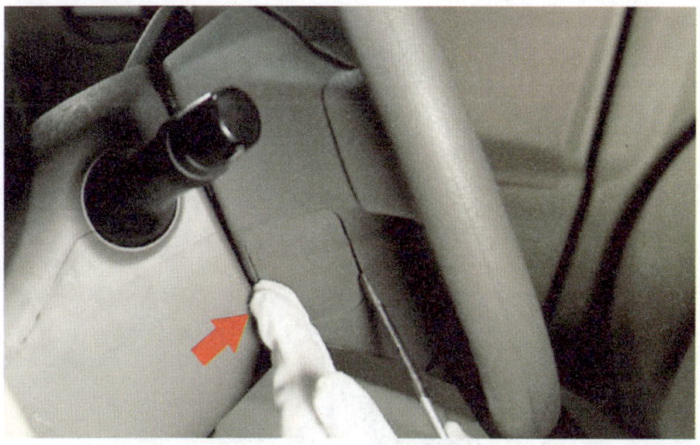

□ 拆卸方向盘下盖（如左图所示）

□ 利用一字型螺钉旋具（用胶带缠绕刀头，防止刮坏壳体）取下方向盘下盖

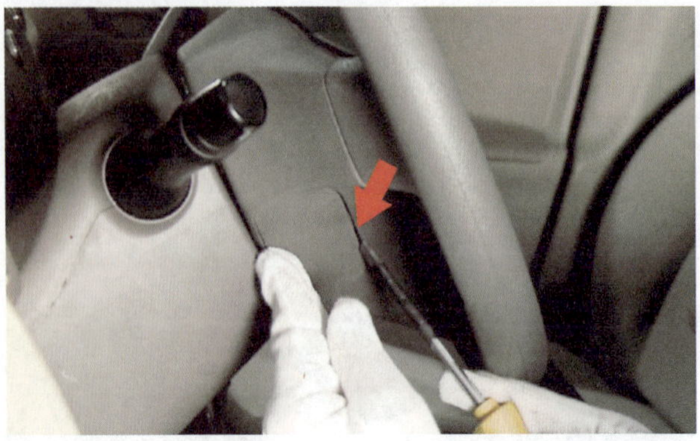

□ 拆卸另外一边方向盘下盖

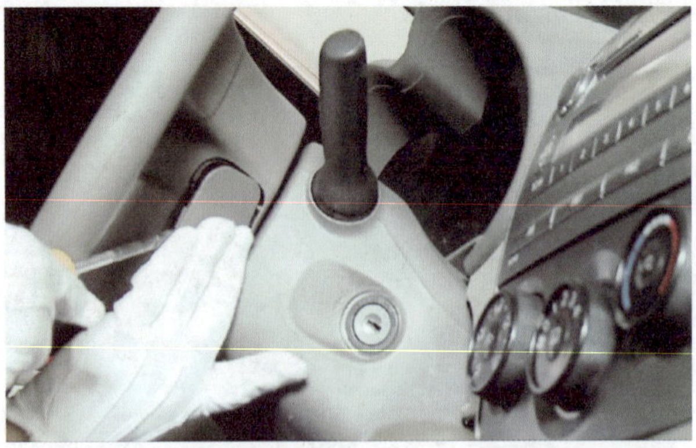

□ 利用“TORX”T30 梅花套筒拆卸方向盘装饰盖

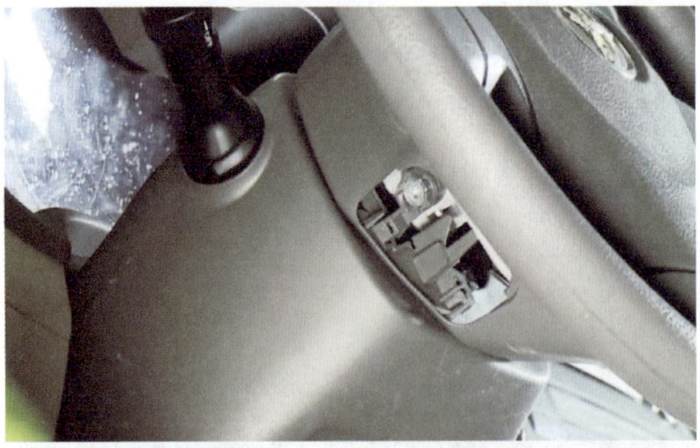

□ 松开两个方向盘装饰盖固定螺钉（左右两边）

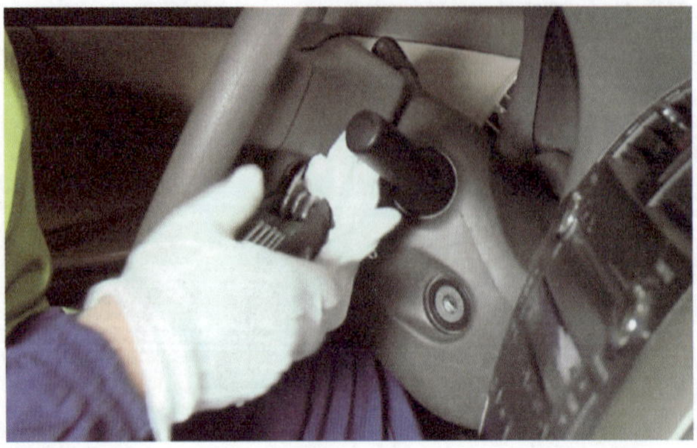

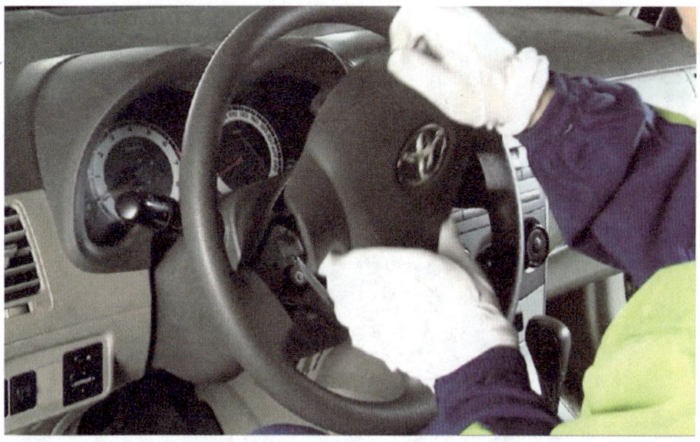

□ 从方向盘总成中拉出方向盘装饰盖，一只手支撑方向盘装饰盖，并且不要拉动气囊线束

□ 断开方向盘装饰盖上的喇叭插接器

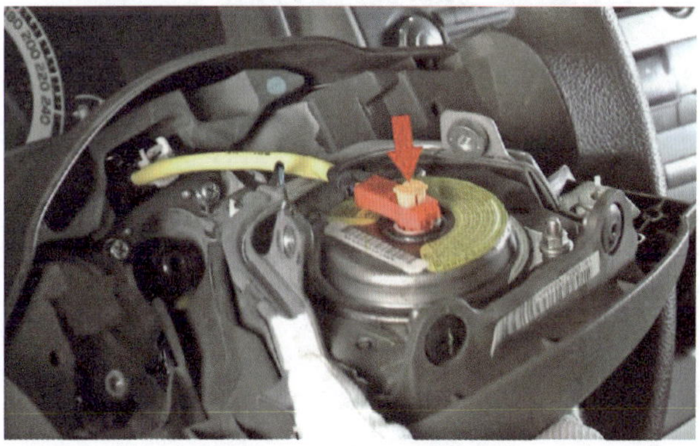

□ 用一字型螺钉旋具（用胶带缠绕刀头，防止刮坏壳体）断开方向盘装饰盖上的气囊插接器

□ 选取 19mm 套筒、接杆和指针式扭力扳手

□ 利用扭力扳手拆下方向盘总成固定螺母

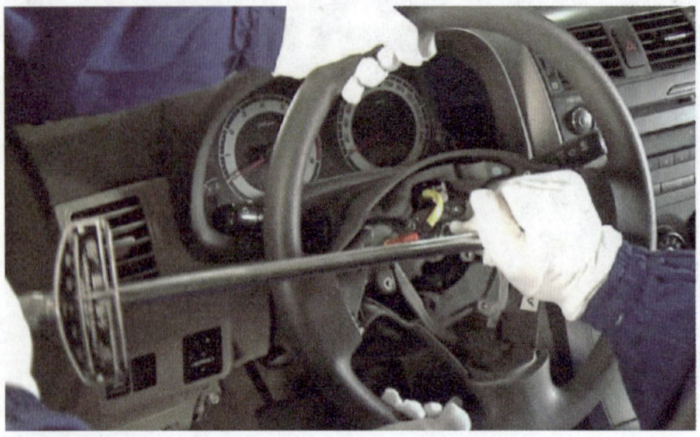

□ 取下方向盘总成固定螺母

□ 在方向盘总成和转向主轴上做好装配标记

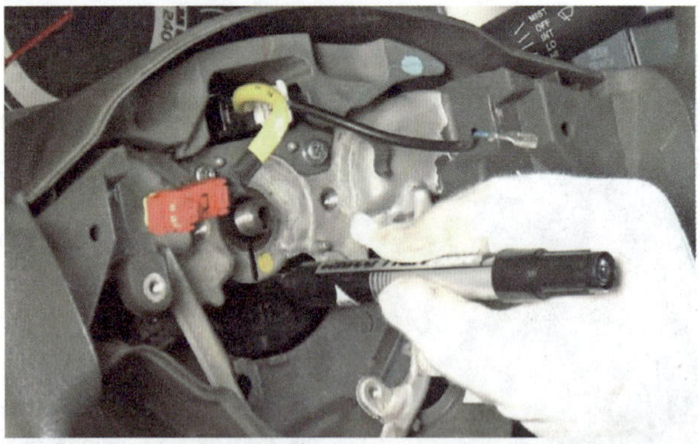

□ 选取 SST（方向盘拆卸专用拉器）拆下方向盘总成

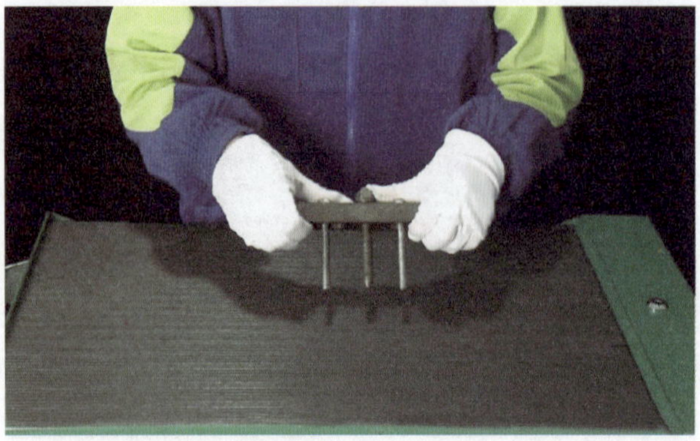

☐ 正确安装 SST，在使用前应在 SST 螺纹和顶部涂抹一层润滑脂

☐ 取下方向盘总成

（4）拆卸转向柱罩

☐ 拉动下转向柱罩的左右两侧，并脱开 4 个卡爪

☐ 将手指插入下转向柱罩斜度调节杆的开口处，并脱开卡爪

（5）拆卸螺旋电缆

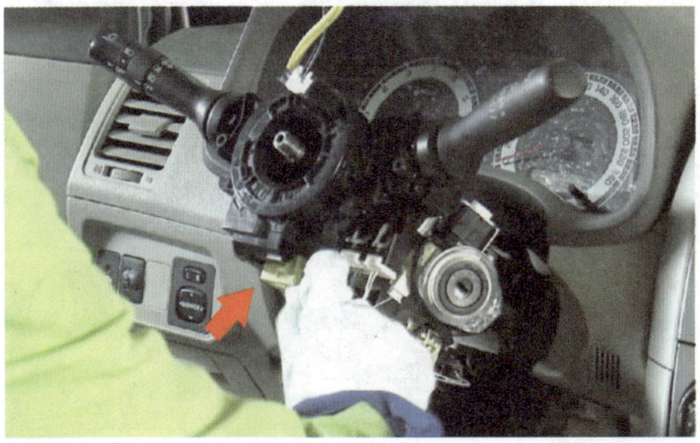

☐ 将插接器从螺旋电缆上断开，忌损坏气囊线束

□ 脱开螺旋电缆上卡爪，先松开右边卡爪

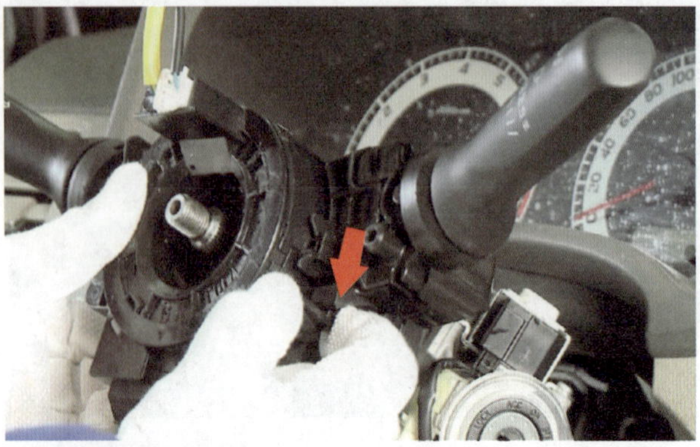

□ 再次松开螺旋电缆上边的卡爪

□ 松开左边卡爪，将螺旋电缆从转向角传感器上拆下

□ 检查螺旋电缆有无划痕、裂缝、凹痕或碎片

检查结果：______________

____

____

（6）拆卸前照灯变光开关总成

□ 断开前照灯变光开关总成的插接器

□ 利用头部缠有胶布的螺钉旋具拆卸风窗玻璃刮水器开关总成

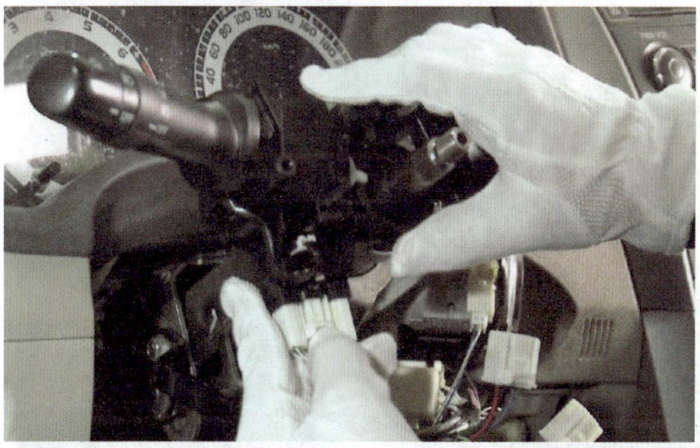

□ 断开插接器，并利用头部缠有胶布的螺钉旋具拆卸前照灯变光开关总成

□ 检查前照灯变光开关总成有无划痕、裂缝、凹痕或碎片

检查结果：________________________

____

____

____

（7）安装组合开关

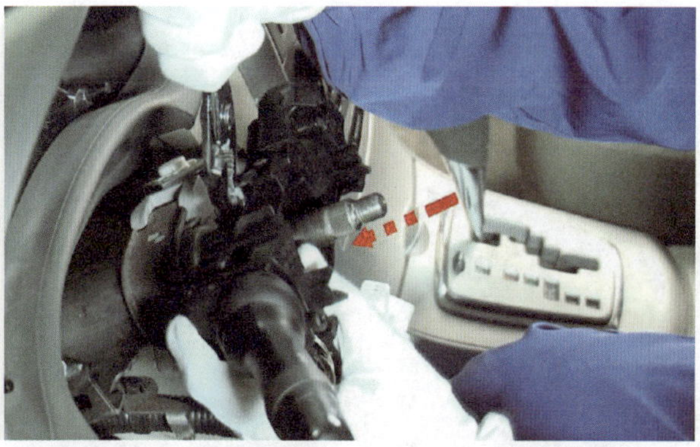

□ 用鲤鱼钳松开卡夹的同时接合卡夹，安装组合开关总成，连接插接器

注意将车头保持正前方朝向，以便使组合开关安装到位。

□ 将转向信号开关置于空档位置，安装螺旋电缆，注意对齐各个卡爪，将插接器连接到带转向角传感器的螺旋电缆上

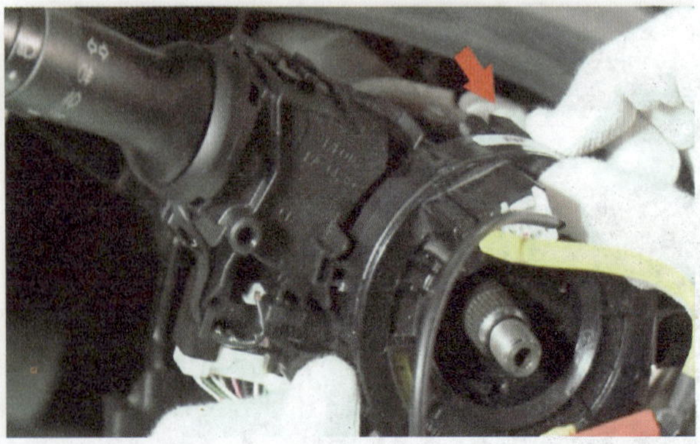

□ 接合卡爪和 2 个销安装上转向柱罩

□ 先接合 2 个卡爪以安装下转向柱罩，再接合 4 个卡爪

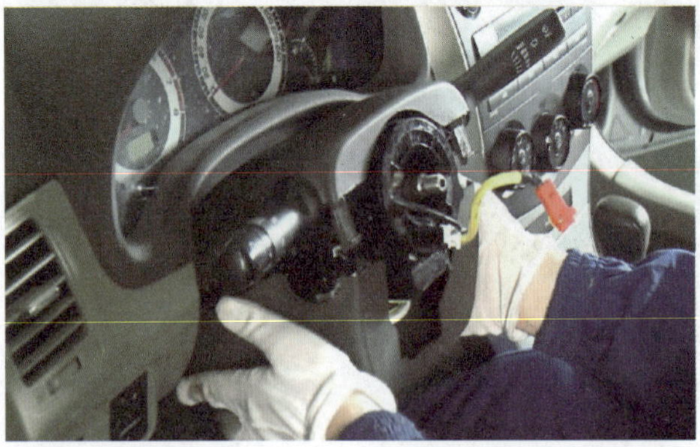

□ 对准方向盘总成和转向主轴上的装配标记

□ 安装方向盘总成固定螺母至标准扭矩值 50N•m

□ 将插接器连接至螺旋电缆分总成

□ 检查并确认点火开关置于 OFF 位置

□ 检查并确认蓄电池负极端子已断开

□ 将气囊插接器连接至方向盘装饰盖上

□ 将喇叭插接器连接到方向盘装饰盖上

□ 紧固方向盘装饰盖周围凹槽固定螺钉至规定扭矩值 8.8N•m

（8）性能检测

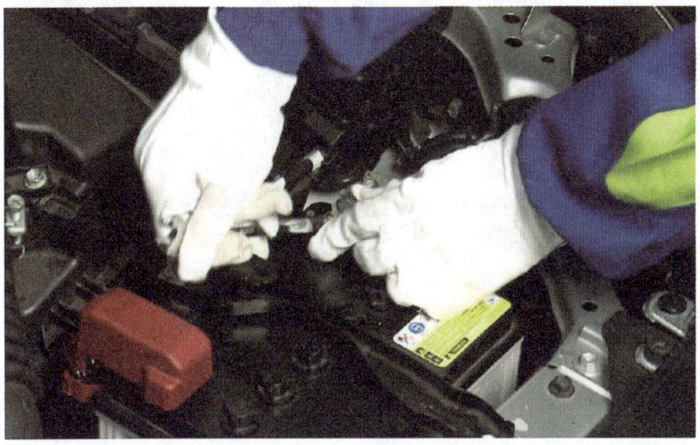

□ 正确安装蓄电池负极端子接线柱

□ 打开点火开关，使点火开关置于 ON 位置

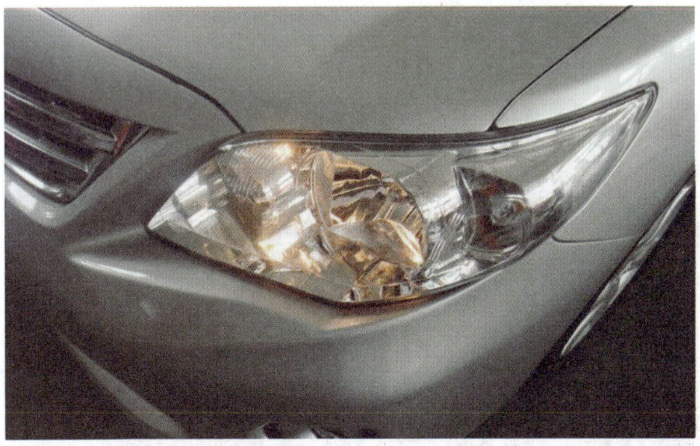

□ 再次检查前照灯近光灯工作情况，查看是否能点亮

□ 打开转向灯开关，观察仪表盘内转向指示灯是否闪亮，车身转向灯是否闪亮

□ 转动方向盘，检查转向开关能否自动归正，转向灯能否自动关闭

检查结果：____________

____

____

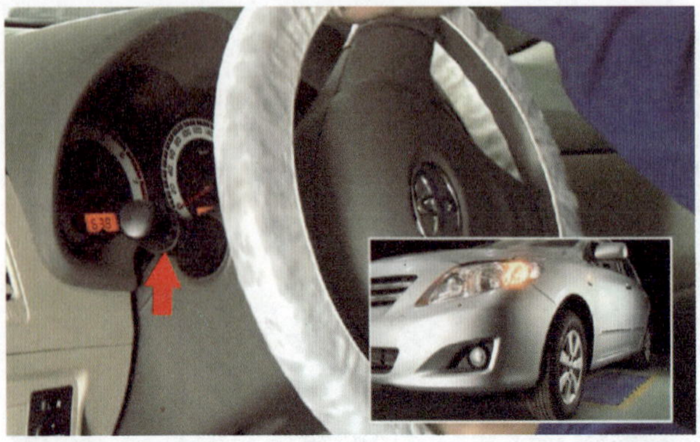

（9）工位整理

□ 用软布擦拭车辆外车身，清洁车身脏尘，避免车身留下刮痕

□ 整理所使用的工具、量具、实训设备，用软布擦拭工量具表面脏尘，做好工量具与相关设备的维护工作

□ 清扫实训工位地面，清除地面油污、废料、尘土，保持地面干净、整洁

6. 任务评价

认真填写“实训项目工单”。

实训项目工单

姓名		故障车型		行驶里程	
完成时间				成绩	
项目名称	**汽车照明系统检修**				
任务目的	掌握汽车照明系统的主要检查内容 能正确、规范地进行汽车前照灯总成检修操作流程				
任务准备					
必要的理论知识要点	1. 概述汽车灯光组合开关的功用 ________ ________ 2. 汽车灯光组合开关（近光灯）如何实现控制工作 ________ ________				
所涉及实训工具					
任务反馈					
分项检查操作情况	检查项目	正常打 √，异常打 ×		异常原因分析（主要）	
	步骤 1	□ 前期基本检查到位		关键部位检查缺失	
	步骤 2	□ 能正确选用工具		工具选用错误	
	步骤 3	□ 能正确完成照明系统基本检查		检查不到位，项目缺失	
	步骤 4	□ 能规范拆卸变光继电器		拆装操作不规范	
	步骤 5	□ 对灯光组合开关检查规范，项目到位		检查不到位，项目缺失	
	步骤 6	□ 对灯光组合开关检修规范，安全可靠		操作不当，存在安全隐患	
	步骤 7	□ 能正确拆装灯光组合开关		操作不规范	
	步骤 8	□ 各拆装工具能正确使用		操作方法错误	
	步骤 9	□ 工具、部件摆放是否整齐		7S 运用不到位	
归纳该项目操作要点	在进行灯光组合开关拆卸操作时，应注意哪些操作要点？ ________ ________				
任务评价					
学生自我评价（40%）	项目	得分	项目	得分	
	A：任务实施 10 分		D：小组协作 10 分		
	B：课堂纪律 10 分		E：安全操作 10 分		
	C：质量反馈 10 分		F：7S 应用 10 分		
	您认为该改善的项目是________			您的得分：______	

（续）

小组评价（30%）	□ 优秀（90 ～ 100 分） □ 良好（81 ～ 89 分） □ 及格（60 ～ 80 分） □ 不合格（60 分以下） 您的得分：__________
实训小结（10%）（学生填写）	（说说自身的收获） 您的得分：__________ ______________________________ ______________________________
教师点评（20%）	（对你的课堂表现） 您的得分：__________ ______________________________ ______________________________
总分	
你知道吗？ 	我们日常检查车灯的内容包含：①检查车灯是否工作正常、前照灯的照射方向是否有偏移、灯光亮度是否足够；②定期更换灯泡，一旦发现灯泡变暗，要及时更换，确保行车安全；③经常擦洗灯罩，车灯罩都是特殊材料做成，密封性很好，经常清洗会提高车灯照明的效果；④清洗发动机后水要晒干，随着温度升高，发动机舱的余水会变成水气，很容易从发动机舱进入到前照灯中，导致车灯不能正常使用。

拓展迁移

1. 模拟相似故障，根据所学知识，排除大众帕萨特轿车照明系统的故障。

2. 结合实车，观察丰田卡罗拉轿车的照明系统与大众帕萨特轿车的照明系统有什么不同。**（提示：可以从控制过程等方面来考虑）**

项目八

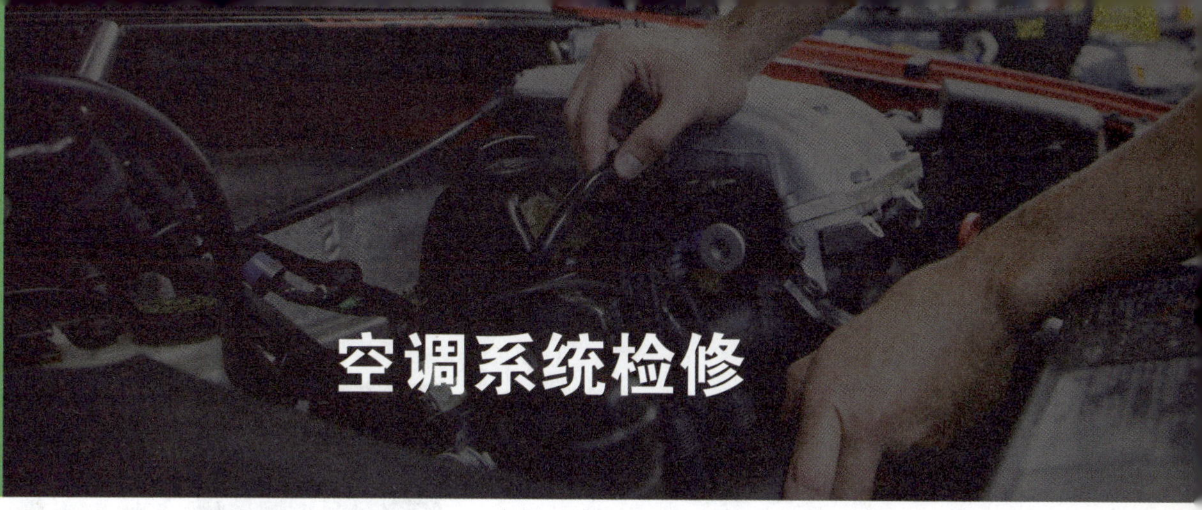

空调系统检修

学习目标

1. 能说出汽车空调系统的作用、主要部件组成及各部件实际安装位置。
2. 能正确记录汽车空调系统主要部件检修的内容要点。
3. 能规范完成汽车空调系统的检修操作流程。
4. 能自觉养成7S自主管理的行为习惯。

项目导读

空调系统检修是汽车检修的典型项目之一。车主前期操作不当、车辆线路老化、车辆使用年限、行驶里程等因素，都会使空调系统产生故障，导致空调系统不制冷。遇到此类问题，作为汽车维修工，应事先对汽车空调系统的作用、部件组成、工作过程等基础知识有一定的认识，掌握一些维修工具名称及使用方法，按照科学的检修流程排除故障。

学时建议

建议安排3学时。其中，空调系统检修的操作流程（任务实施环节）是教学重点，也是教学难点，建议安排2学时。

资料收集

思考：汽车空调系统有什么作用？该系统由哪些部件组成？在检修过程中，需要哪些工具？

1. 利用相关网站

汽车修理技术网（http://www.epnf.cn/）是一家汽车维修专业网站，拥有大量免费的各车型维修资料，内容涉及汽车维修案例、新技术介绍、维修视频、教学动画等方面，通过注册账号登录，可以进行在线交流与讨论，同时，也可以查找到汽车空调系统的检修新技术，丰富专业知识。

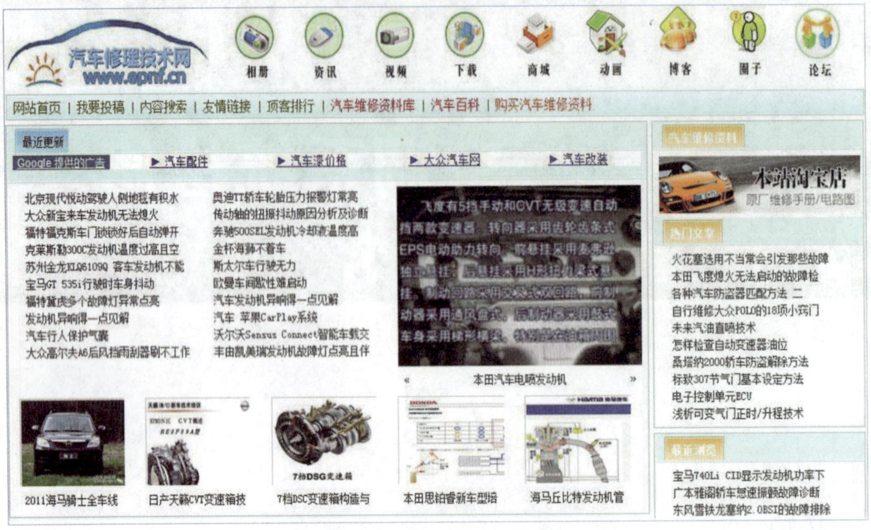

"汽车修理技术网"网站首页

你知道吗？说说以下工具的名称。

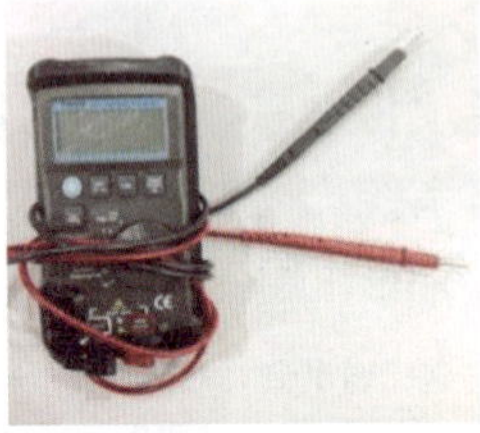

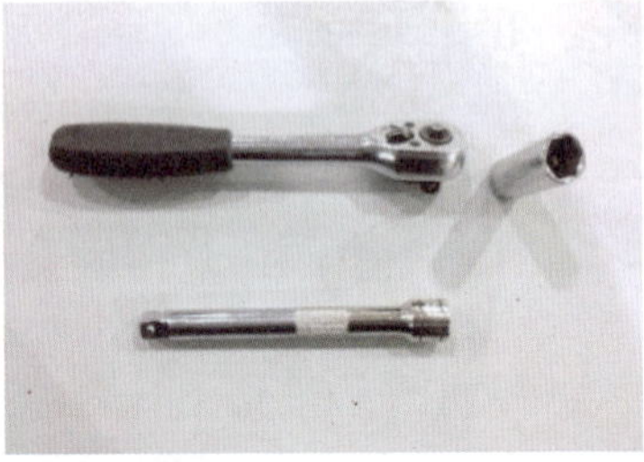

________________　　________________　　________________

2. 教学实施准备

汽车空调实训室布置图

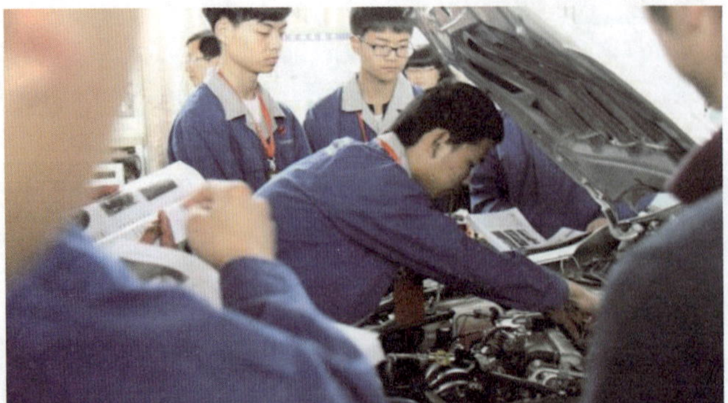

7S 实训管理风采：维修实践

活动展开

1. 问题情境

一辆 2005 年生产的卡罗拉 1.6 AT 汽车，行驶里程为 54286km，车主反映打开车辆空调后，无制冷效果，空调不工作，你能帮助他解决问题吗？

试车后，汽车发动机能正常工作，但空调系统不工作，无法制冷，需要做进一步检查。

导致汽车“空调无法工作”的原因有哪些？

____

____

____

____

2. 任务准备

（1）信息登记

对照“实训项目工单”，记录维修车辆基本信息。

（2）外观检查

检查与登记车辆使用状况（车身外观情况、燃油情况等），标注：

○ 刮花

× 凹痕、划痕

△ 裂纹

（在车辆的相应部位，标记相应符号）

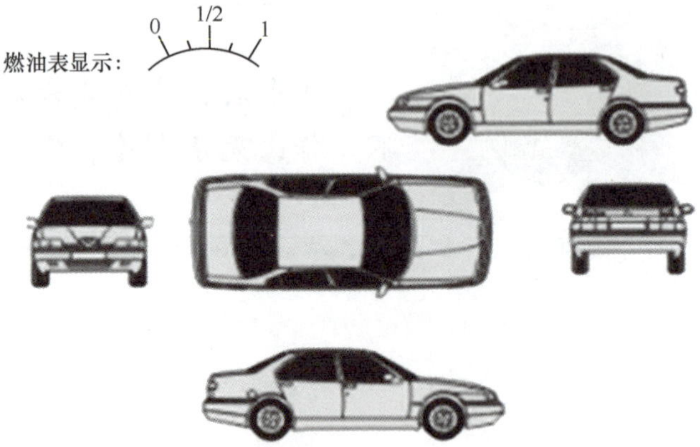

（3）进入工位

进入工位，我们应该做好以下工作：

□ 穿好工作服

□ 维修安全自检

□ 准备所涉及的维修工具

□ 调试举升机

□ 整顿设备仪器摆放

（待完成后，在相应方框内打√）

3. 查询故障

（1）基本检查

□ 挂入 P 位

□ 拉起驻车制动器，使车辆处于静止状态

□ 打开发动机舱盖，并安装车辆挡块、左右翼子板布、前格栅布

□ 检查发动机各线束连接有无脱落、松动，保证连接牢固、可靠

□ 检查发动机各液位是否处于正常范围内

（2）就车检测

□ 确认安全后，起动发动机，检查发动机怠速运行状态

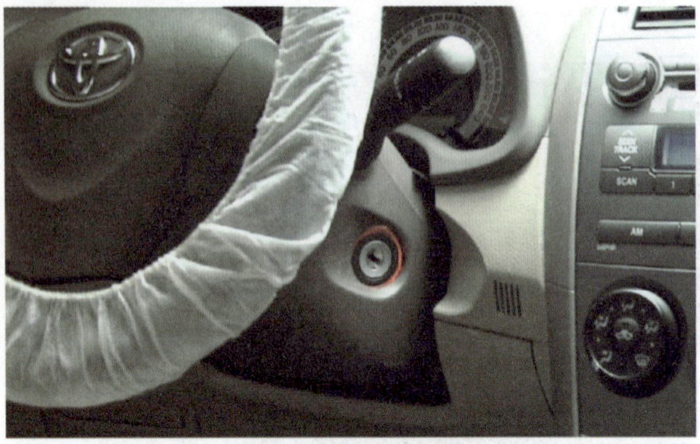

□ 检查空调系统控制面板按钮的工作情况，打开鼓风机按钮

□ 打开空调系统 A/C 开关

□ 将四个车门保持全开

□ 将温度设置开关旋至MAX COLD

□ 将鼓风机速度旋至 H 档

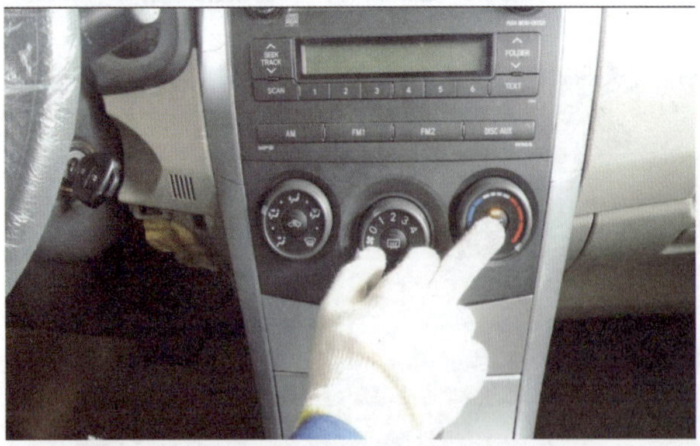

□ 打开空调系统各模式按钮，检查空调模式开关能否正常使用

□ 检查空调系统出风口出风是否顺畅

□ 检查汽车空调压缩机是否处于闭合状态（压缩机带轮是否转动）

检查结果：________________

____

____

____

（3）读取故障码

□ 利用汽车空调专用诊断器 V30 读取故障码

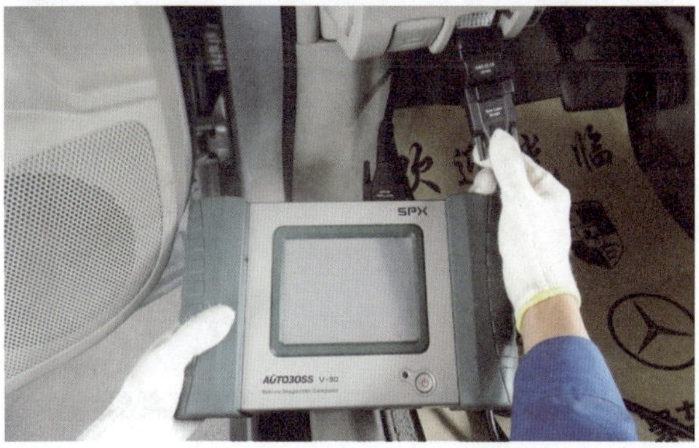

□ 选择相应诊断接头，并与车辆故障诊断座连接

□ 做好车辆安全检查，打开点火开关和 V30 电源开关

□ 显示 V30 故障仪诊断界面

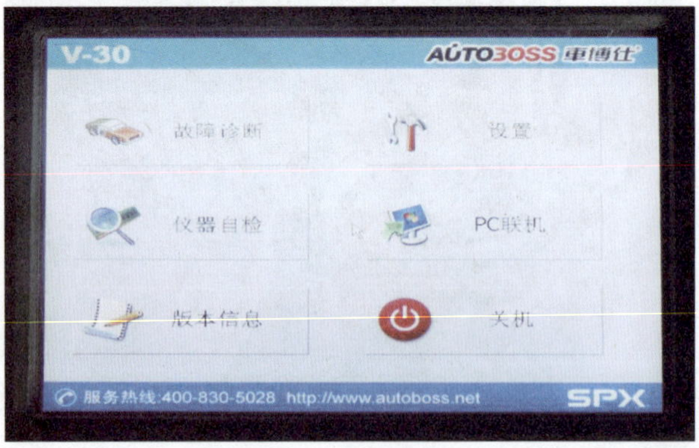

□ 选择相应的车型

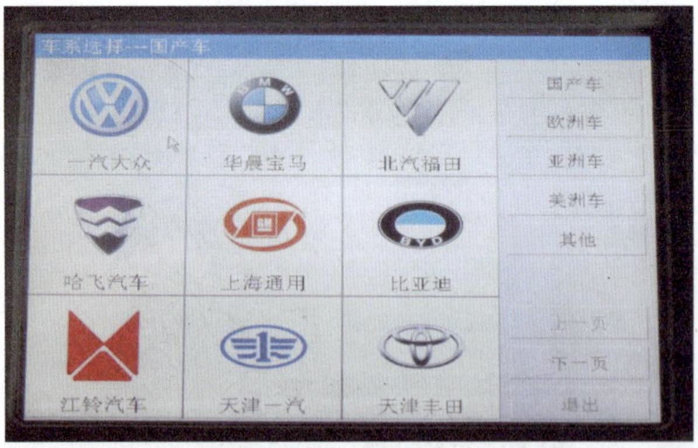

□ 选择“车身”命令

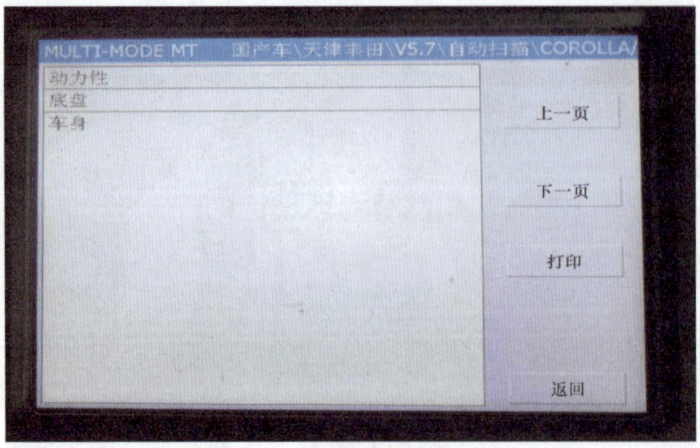

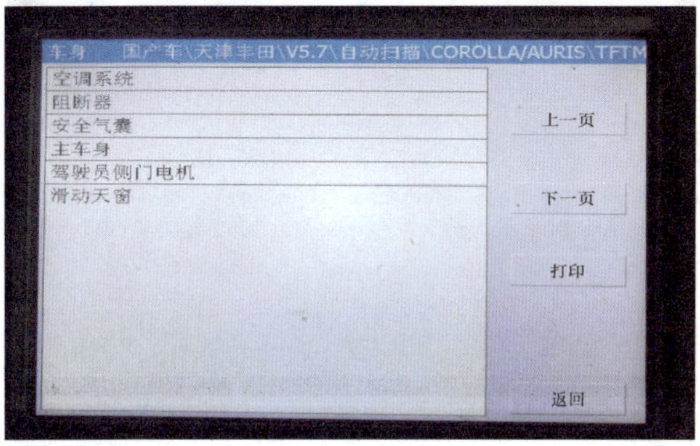

□ 选择“空调系统”命令

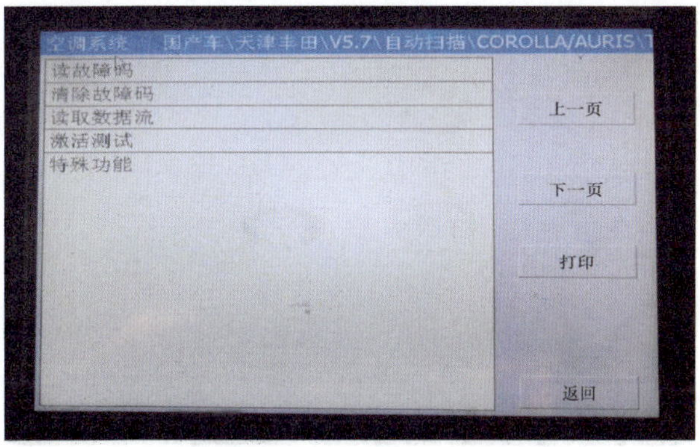

□ 选择“清除故障码”命令（清除历史故障码）

□ 退出故障诊断界面，确认车辆安全，起动发动机，准备读取故障码

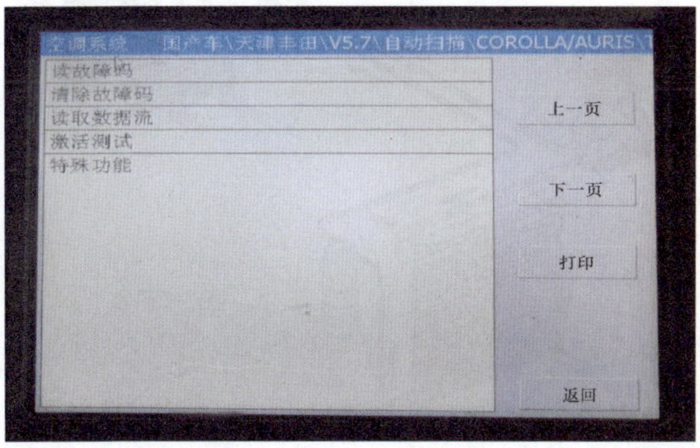

□ 再次进入故障诊断界面，选择“读故障码”命令

故障码：________________

____

故障现象：________

____

____

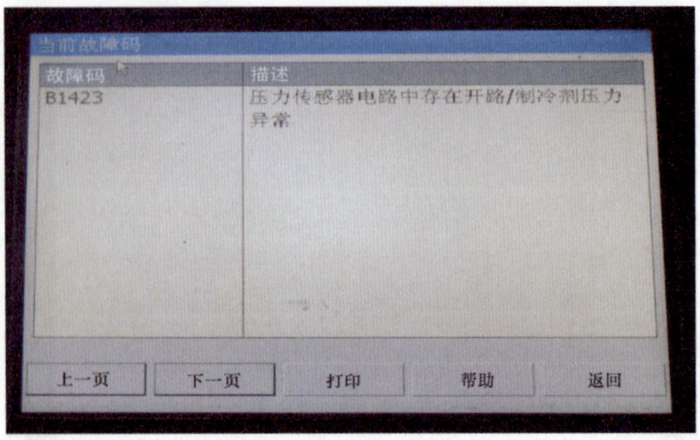

□ 退出诊断系统，返回原始界面

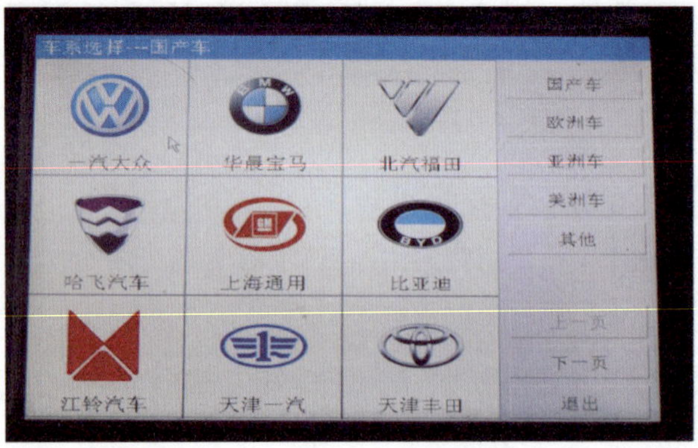

4. 知识链接

（1）汽车空调系统的含义

汽车空调系统是实现对车厢内空气进行制冷、加热、换气和空气净化的装置，它可以为乘车人员提供舒适的乘车环境，降低驾驶人的疲劳强度，提高行车安全。

汽车空调系统主要由压缩机、冷凝器、储液干燥器、膨胀阀、蒸发器和管路等部件组成。

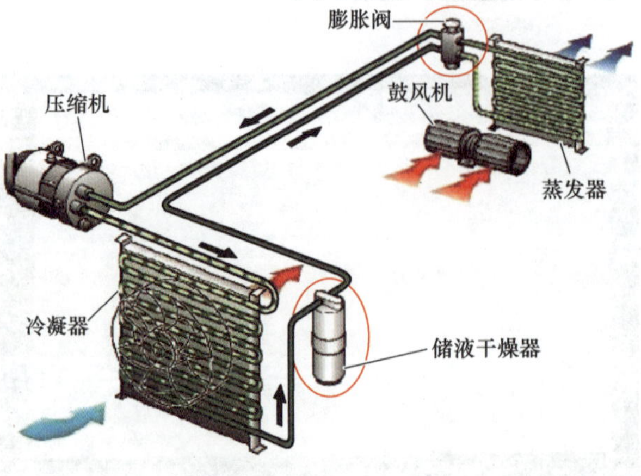

汽车空调系统组成

（2）汽车空调系统各部件的安装位置

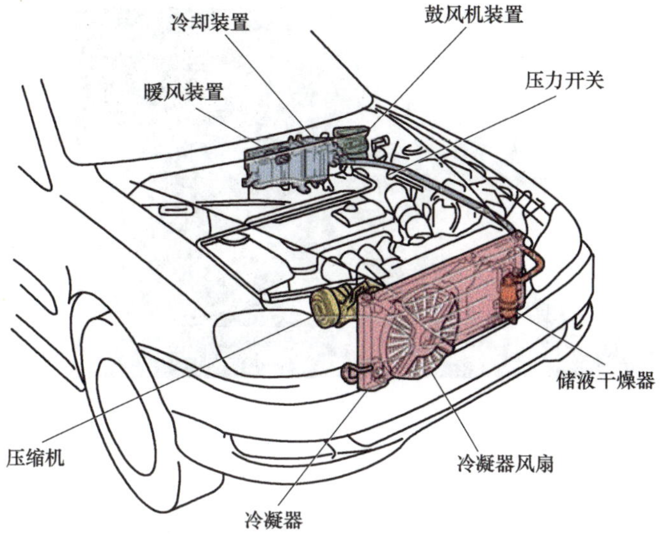

对照左边示意图，找出汽车空调系统各部件的实际安装位置。

（3）汽车空调压力传感器的工作原理

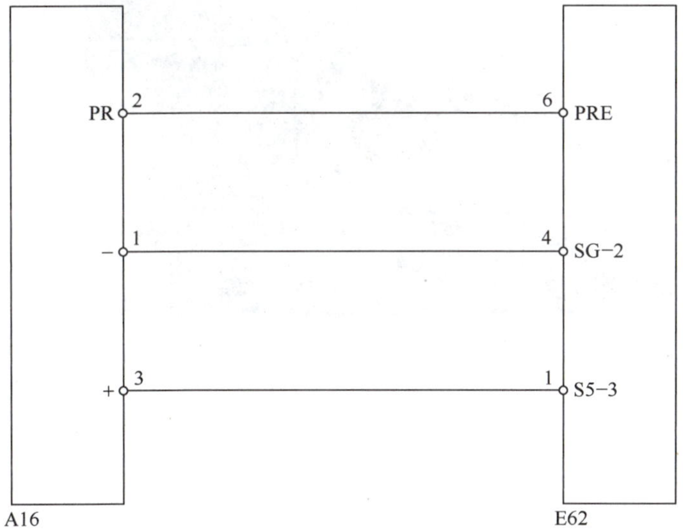

压力传感器的控制过程：空调放大器的1、4、6脚外接空调压力传感器，空调压力传感器检测制冷剂压力，并将其以电压变化的形式输出到空调放大器，空调放大器根据该信号来控制压缩机。

5. 任务实施

（1）检修线束

□ 将空调压力传感器插接器从空调压力传感器上断开

□ 测量空调压力传感器插接器各端子间的电压值

电压检测	开关状态	规定值
A16-3 至车身搭铁	点火开关置于 ON 位置	约 5V

检查结果：__________

____

____

□ 将插接器从空调压力传感器上断开

□ 测量插接器各端子间的电阻值

电阻检测	条件	规定值
A16-1 至车身搭铁	始终	<1 Ω

检查结果：__________

____

____

（2）检修空调放大器

□ 将插接器重新连接到空调压力传感器上

□ 拆下空调放大器

□ 测量端子间电压值

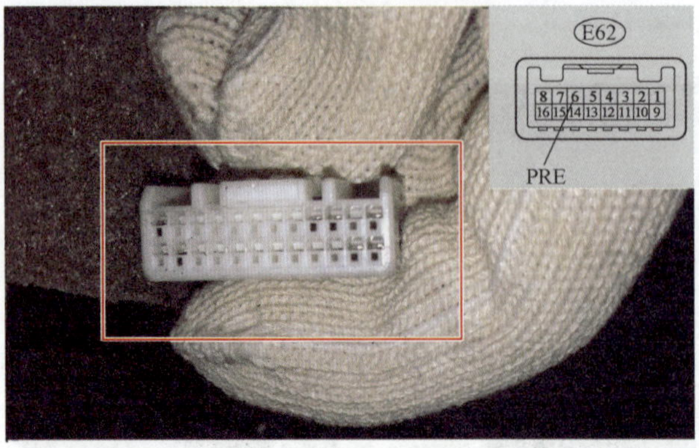

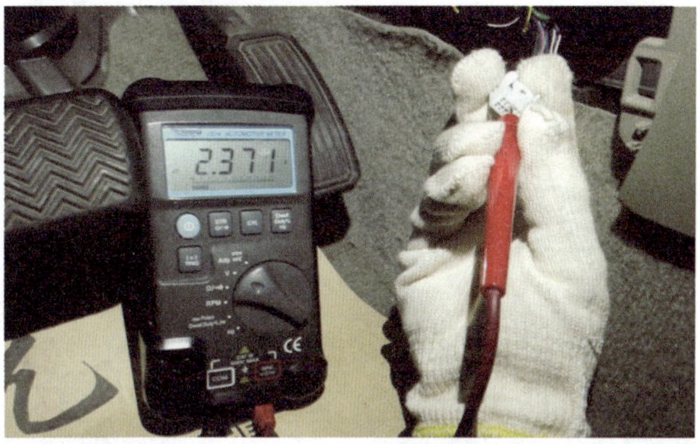

电压检测	条件	规定状态
E62-6 至车身搭铁	点火开关置于 ON 位置	0.7 ~ 4.8V

检查结果：__________

____

____

（3）检修压力传感器与空调放大器之间线路

□ 断开空调压力传感器插接器（电压输入端）

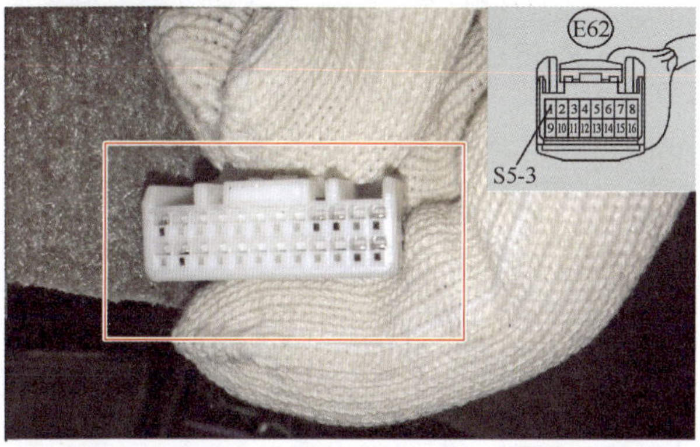

□ 断开空调放大器插接器

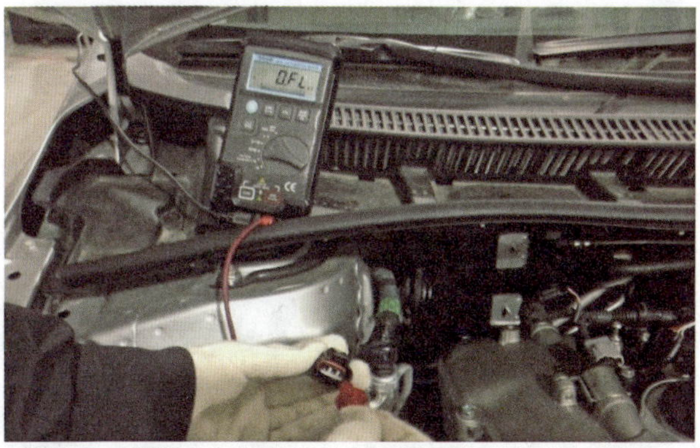

□ 检查插接器的电压端与空调放大器插接器的连接情况，测量两端子间电阻值

电阻检测	条件	规定状态
E62-1 至车身搭铁	始终	≥ 10000 Ω
A16-3 至 E62-1	始终	<1 Ω

检查结果：__________

____

____

□ 检查插接器的电压端与空调放大器插接器的连接情况，测量两端子间电阻值

电阻检测	条件	规定状态
E62-4 至车身搭铁	始终	≥ 10000 Ω
A16-1 至 E62-4	始终	<1 Ω

检查结果：________

____

____

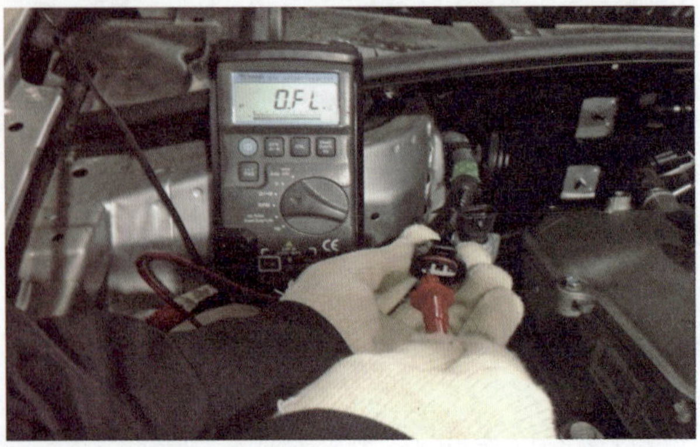

（4）检修压力传感器

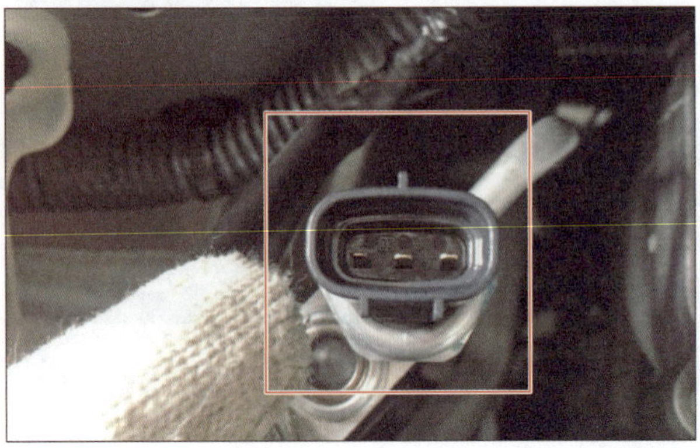

□ 将 3 节 1.5V 干电池的正极（+）引线连接到端子 3，将负极（−）引线连接到端子 1

□ 再将万用表正极（+）引线连接到端子 2，负极（−）引线连接到端子 1，测量端子间的电压值

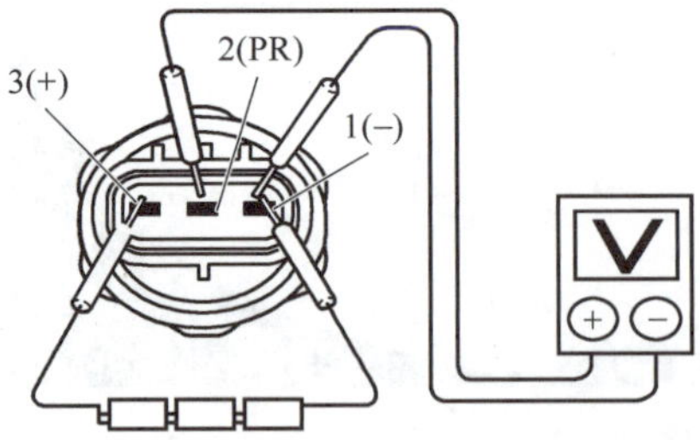

端口	条件	状态
2 至 1	制冷剂压力达到 0.39 ~ 3.187MPa	1.0 ~ 4.8V

检查结果：________

____

____

（5）检测空调性能

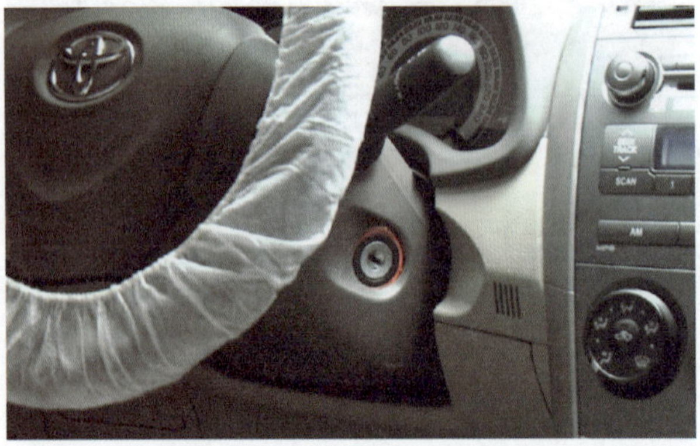

□ 做好车辆起动前的安全检查，之后，起动车辆，使发动机处于怠速运转

□ 打开空调系统，检查高压侧与低压侧之间的温度差

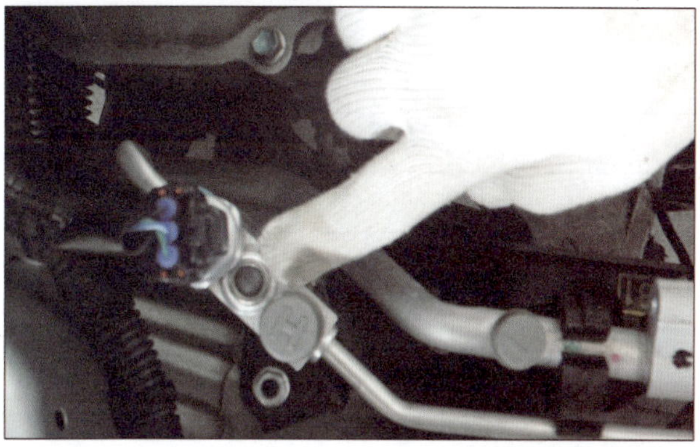

□ 检查制冷剂工作状态，判断空调系统工作状况

（6）工位整理

□ 用软布擦拭车辆外车身，清洁车身脏尘，避免车身留下刮痕

□ 整理所使用的工具、量具、实训设备，用软布擦拭工量具表面脏尘，做好工量具与相关设备的维护工作

□ 清扫实训工位地面，清除地面油污、废料、尘土，保持地面干净、整洁

6. 任务评价

认真填写“实训项目工单”。

实训项目工单

姓名		故障车型		行驶里程	
完成时间				成绩	
项目名称	**空调系统检修**				
任务目的	掌握汽车空调系统部件的主要检修内容 能正确、规范地进行汽车空调系统的检修操作流程				
任务准备					
必要的理论知识要点	1. 概述汽车空调系统的功用 __________ __________ 2. 汽车空调系统由哪些部件组成？找出各部件实际安装位置 __________ __________				
所涉及实训工具					
任务反馈					
分项检查操作情况	检查项目	正常打√，异常打×		异常原因分析（主要）	
	步骤 1	□ 前期基本检查到位		关键部位检查缺失	
	步骤 2	□ 能正确选用工具		工具选用错误	
	步骤 3	□ 能正确完成空调系统工作检查		拆装操作不规范	
	步骤 4	□ 能规范读取空调系统故障		操作不规范	
	步骤 5	□ 对各线束连接检修规范，项目到位		操作不规范，存在安全隐患	
	步骤 6	□ 对压力传感器检修规范，项目到位		检修项目不全面，存在缺失	
	步骤 7	□ 能正确拆装空调系统各部件		操作不规范，顺序错误	
	步骤 8	□ 工具、部件摆放是否整齐		7S 运用不到位	

（续）

归纳该项目操作要点	在进行空调系统检修操作时，应注意哪些操作要点？ ________________ ________________			
任务评价				
学生自我评价（40%）	项目	得分	项目	得分
	A：任务实施 10 分		D：小组协作 10 分	
	B：课堂纪律 10 分		E：安全操作 10 分	
	C：质量反馈 10 分		F：7S 应用 10 分	
	您认为该改善的项目是________________			您的得分：________
小组评价（30%）	□ 优秀（90 ～ 100 分） □ 良好（81 ～ 89 分） □ 及格（60 ～ 80 分） □ 不合格（60 分以下）			您的得分：________
实训小结（10%）（学生填写）	（说说自身的收获） ________________ ________________			您的得分：________
教师点评（20%）	（对你的课堂表现） ________________ ________________			您的得分：________
总分				
你知道吗？ 	在对汽车空调系统维护时，我们应注意以下几方面：①空调出风口方向不要随意调整，开冷气时，将出风口向上，开暖气时，将出风口向下；②冬季定期起动空调，长时间不用会导致其橡胶圈老化；③每次使用空调时间不宜过久，长时间使用会使冷凝器压力过大，应定期对冷凝器进行清洁，去除尘土、杂质等；④夏季行车前，先开窗通风，并开启外循环，把热气都排出去，等车厢内温度下降后，再换成内循环；⑤不宜长时间使用空调内循环，应先开外循环，再开内循环，让新鲜空气进入车厢；⑥停车时，先关空调，再熄火，在车辆起动 2~3min 后，再打开空调。			

拓展迁移

1. 模拟相似故障，根据所学知识，排除大众帕萨特轿车空调系统的故障。

2. 结合实车，观察丰田卡罗拉轿车的空调系统与大众帕萨特轿车的空调系统有什么不同。（**提示：可以从控制过程等方面来考虑**）

项目九

制动系统检修

学习目标

1. 能说出汽车制动系统的作用、部件组成及各部件实际安装位置。
2. 能正确记录汽车制动系统主要部件检修的内容要点。
3. 能规范完成汽车制动系统的检修操作流程。
4. 能自觉养成 7S 自主管理的行为习惯。

项目导读

制动系统检修是汽车检修的典型项目之一。车主前期操作不当、制动液过期、制动蹄片磨损、制动盘磨损、车辆使用年限 / 里程等因素，都会使汽车制动系统产生故障，导致车辆制动异响。遇到此类问题，作为汽车维修工，应事先对汽车制动系统的作用、结构组成、工作过程等基础知识有一定的认识，掌握一些维修工具名称及使用方法，按照科学的检修流程排除故障。

学时建议

建议安排 4 学时。其中，制动系统检修的操作流程（任务实施环节）是教学重点，也是教学难点，建议安排 2 学时。

资料收集

思考：汽车制动系统有什么作用？如何就车拆装制动系统总成？在检修过程中，需要哪些工具？

1. 借助仿真教学平台

进入“职业教育资源网（http：//www. zjve. cn/）”，登录后单击“汽车仿真教学平台”，该平台采用模块化设计，所有模块均可在平台上进行自由操作，共包含五个部分：基础教学、仿真教学、拆装实训、保养实训和检测实训等模块内容。根据所需要知识与技能，可以进行自由选择与模拟操作。

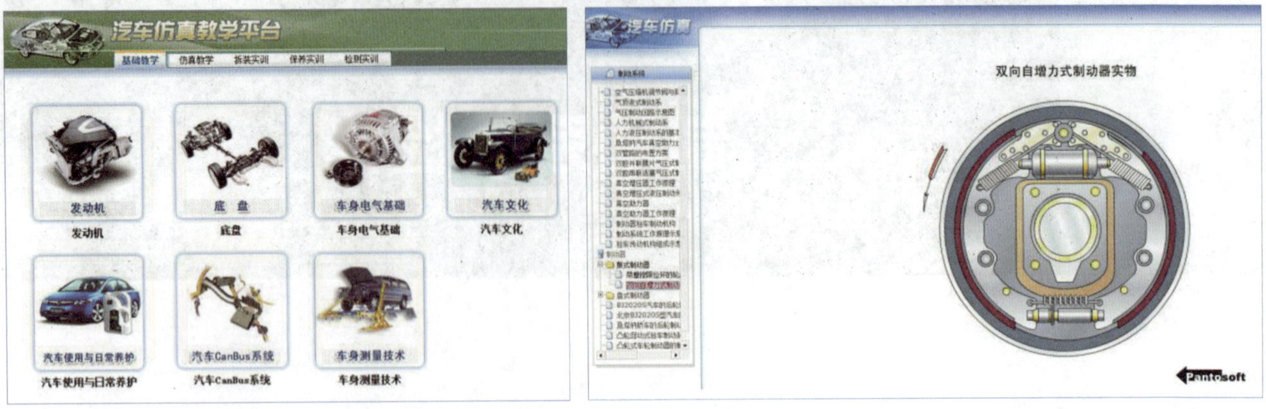

汽车仿真教学平台运行界面

你知道吗？说说以下工具的名称。

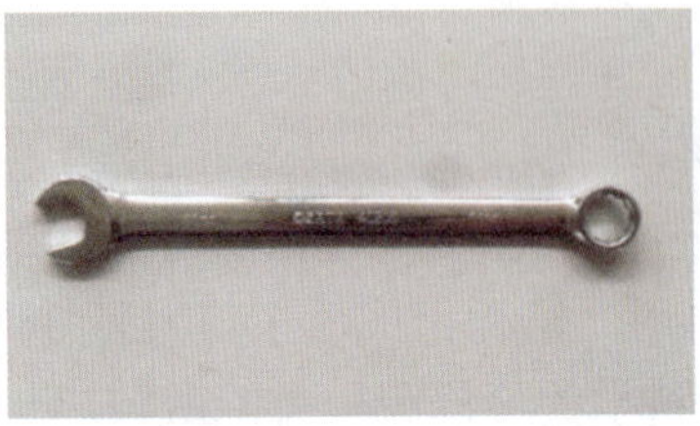

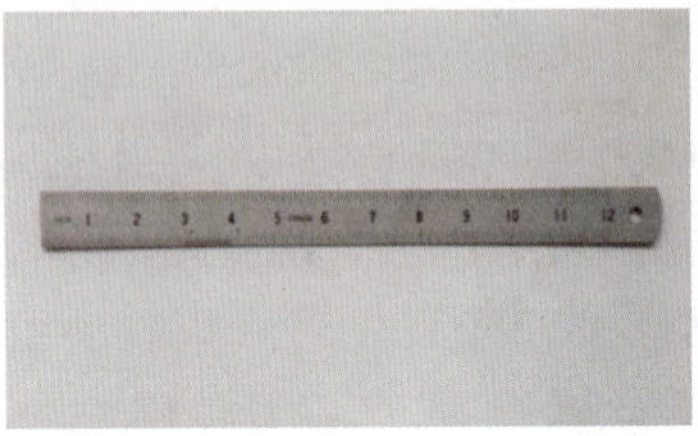

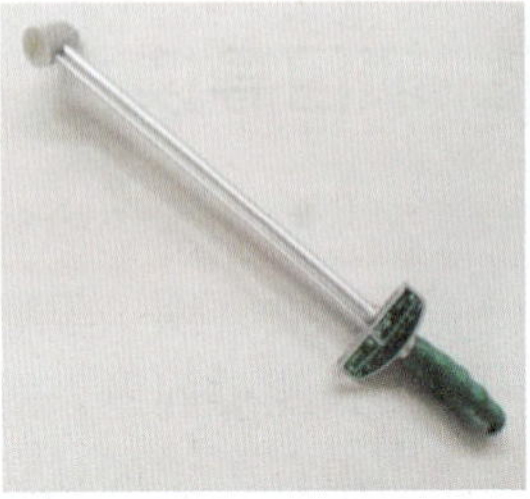

______________________　______________________　______________________

2. 教学实施准备

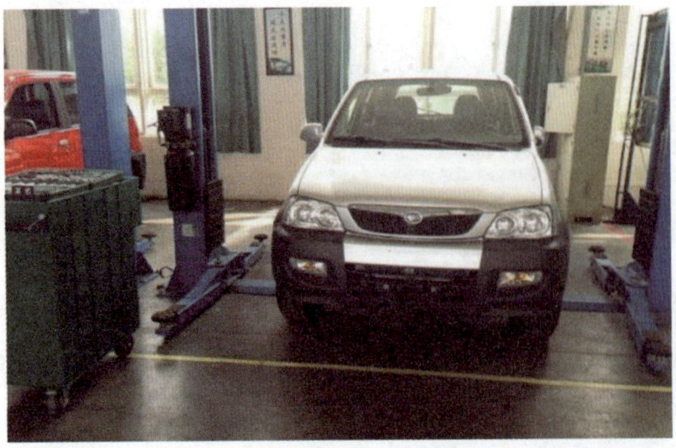

汽车维护实训室布置图

7S 实训管理风采：“站”着上课

活动展开

1. 问题情境

接待一辆2008年生产的卡罗拉1.6AT汽车，行驶里程为225256km，车主反映车辆在紧急制动时，会发出“吱吱”刺耳的声音，轮胎处会发出不同寻常的声音，你能帮助他解决问题吗？

试车后，发现车辆在制动时，左后轮位置确实存有异响情况，需要做进一步检查。

导致汽车制动“异响”的原因有哪些？

2. 任务准备

（1）信息登记

对照“实训项目工单”，记录维修车辆基本信息。

（2）外观检查

检查与登记车辆使用状况（车身外观情况、燃油情况等），标注：

○ 刮花

× 凹痕、划痕

△ 裂纹

（在车辆的相应部位，标记相应符号）

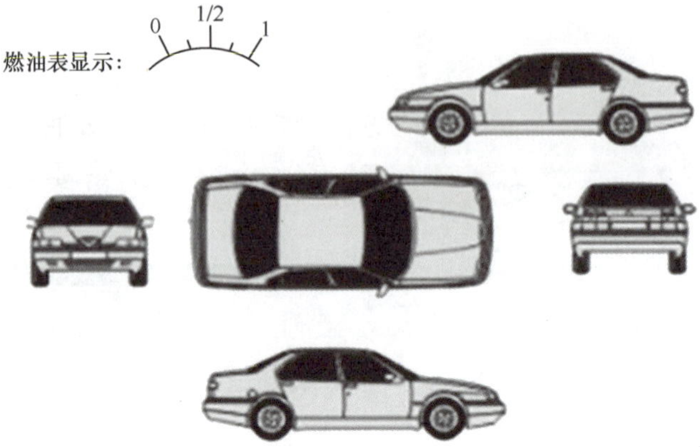

（3）进入工位

进入工位，我们应该做好以下工作：

□ 穿好工作服

□ 维修安全自检

□ 准备所涉及的维修工具

□ 调试举升机

□ 整顿设备仪器摆放

（待完成后，在相应方框内打√）

3. 查询故障

（1）基本检查

□ 挂入 P 位

□ 拉起驻车制动器，使车辆处于静止状态

□ 打开发动机舱盖，并安装车辆挡块、左右翼子板布、前格栅布

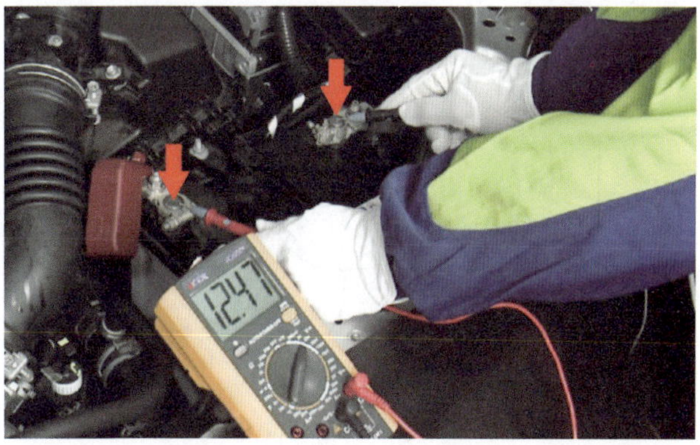

□ 检查蓄电池工作情况（外观、接线柱、电压值等）

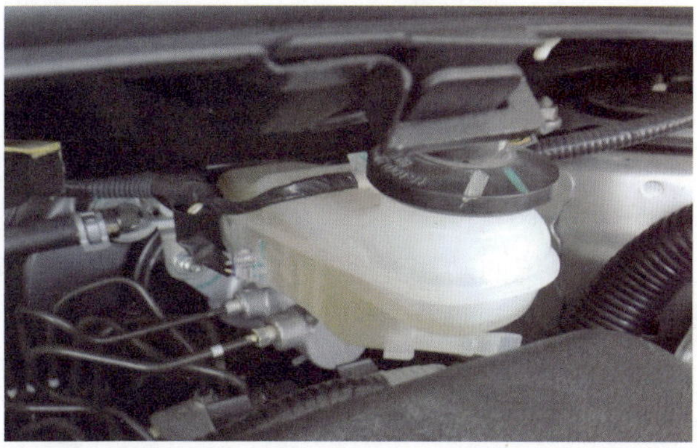

各线束检查：______________

蓄电池电压值：______________

各液位高度：______________

____

____

____

（2）检测制动踏板高度与行程余量

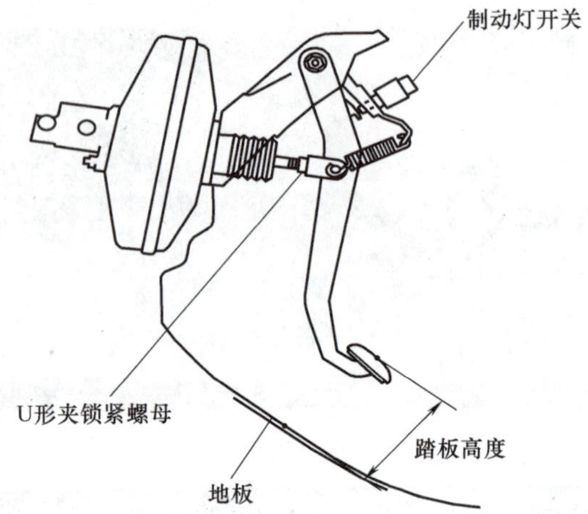

□ 翻起地毯
□ 测量制动踏板表面和地板之间的最短距离（即踏板高度），标准值为 145.8 ～ 155.8mm

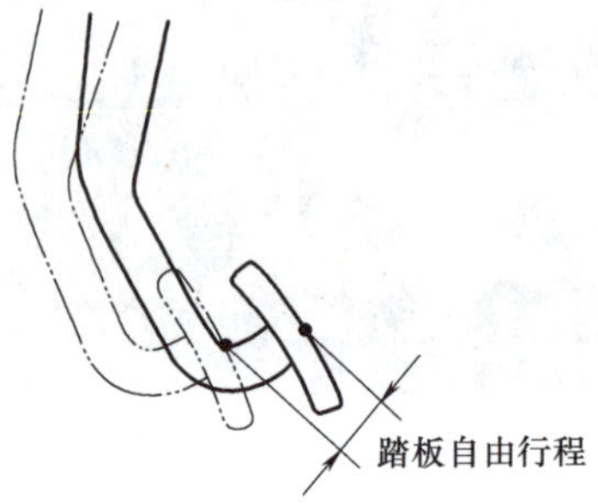

□ 不起动发动机，多次踩下制动踏板直至制动助力器内无真空，松开制动踏板
□ 踩下制动踏板直至感觉到轻微阻力，测量踏板自由行程，标准值为 1.0 ～ 6.0mm

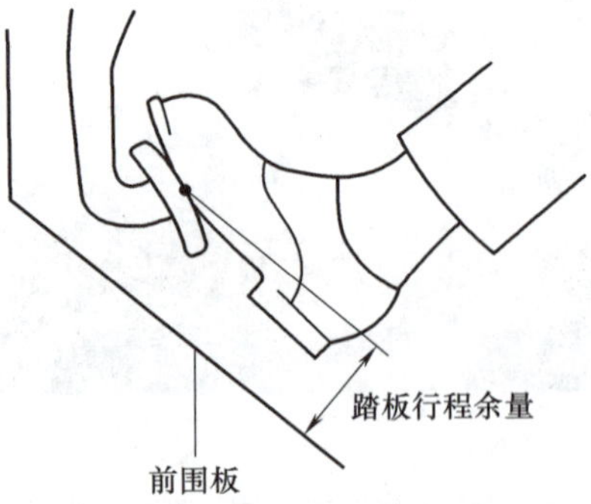

□ 松开驻车制动杠杆
□ 起动发动机时，对踏板施加 29N·m 的力矩，测量踏板行程余量

VSC（车身稳定控制系统）	规定值
不带 VSC	85mm
带 VSC	90mm

检查结果：__________

采取措施：__________

____

4. 知识链接

（1）汽车制动系统的含义

汽车制动系统的功用是使行驶中的汽车减速甚至停车，使下坡行驶的汽车速度保持稳定，以及使已停驶的汽车保持不动。

（2）汽车制动系统的组成

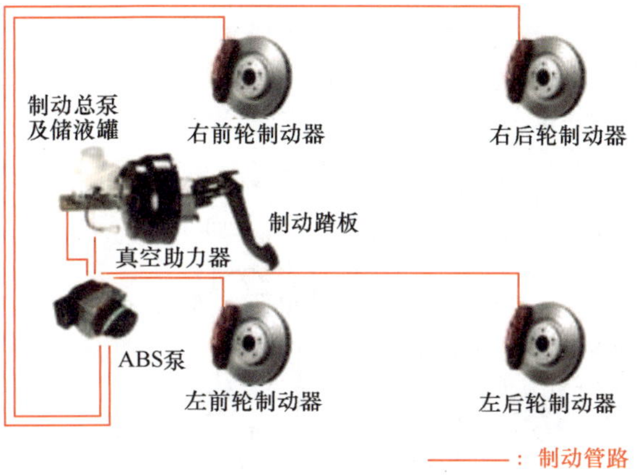

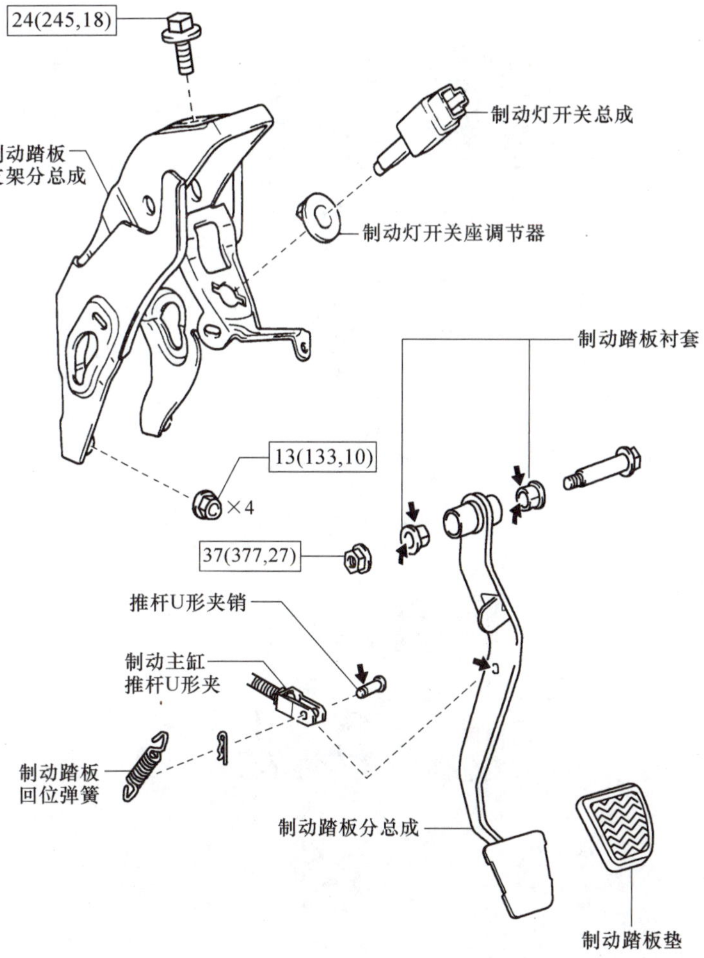

汽车制动系统组成示意图

汽车制动系统主要由制动总泵、储液罐、制动踏板、真空助力器、制动器、制动管路等组成。

汽车制动系统的组成如左图所示。

（3） 汽车常见制动器的分类

汽车常见制动器主要分为鼓式制动器与盘式制动器两类。现代轿车主要采用盘式制动器，主要由制动盘、制动钳轮毂、制动挡板、制动软管等组成。

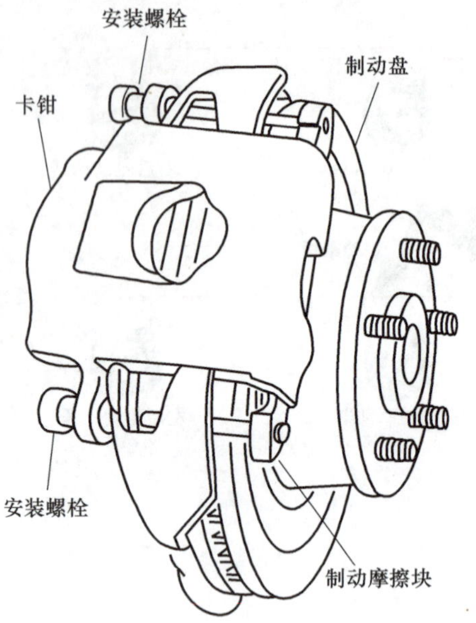

浮动式盘式制动器

盘式制动器的工作过程：当液压缸（活塞）未夹紧制动盘，制动器处于未锁止状态。

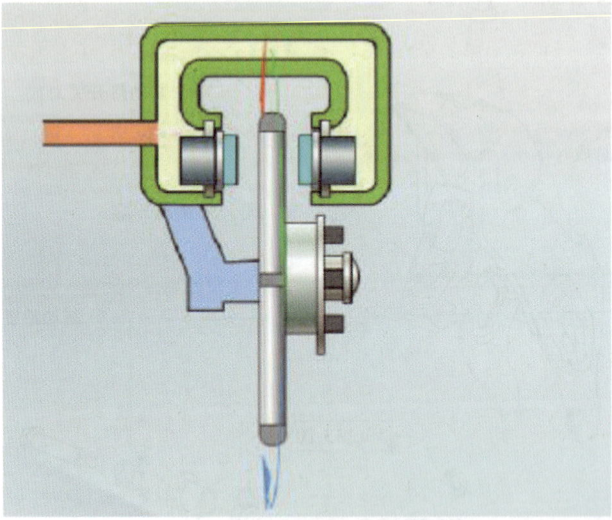

盘式制动器的工作过程：当液压缸（活塞）夹紧制动盘，制动器处于锁止状态。

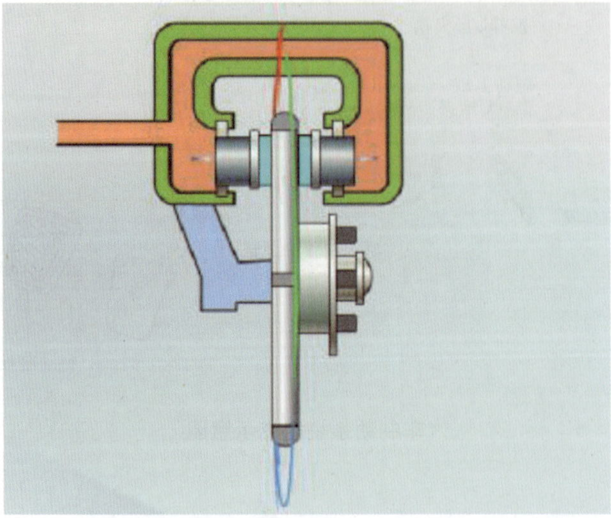

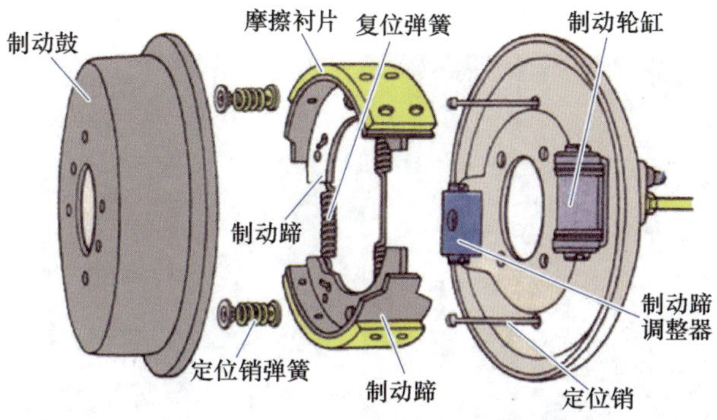

鼓式制动器

鼓式制动器如左图所示，主要由制动轮缸、制动蹄、摩擦衬片、制动鼓定位销、定位弹簧等部件组成。

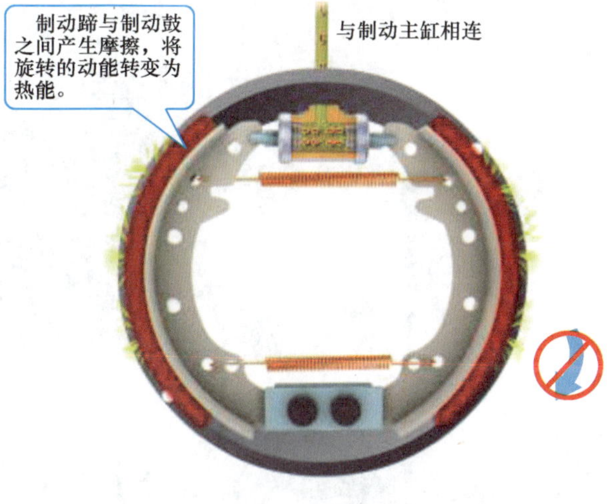

踩下制动踏板

鼓式制动器的工作过程：当踩下制动踏板时，制动蹄与制动鼓之间产生摩擦，产生制动力。

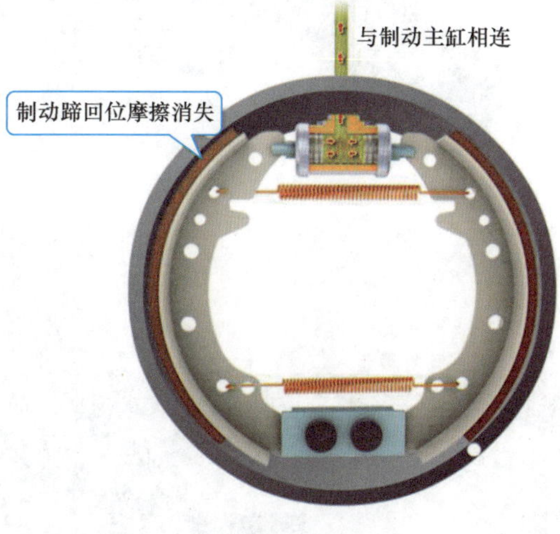

松开制动踏板

鼓式制动器的工作过程：当松开制动踏板时，制动蹄与制动鼓之间的摩擦消失，制动力消失。

5. 任务实施

（1）拆卸后轮盘式制动器

□ 完全松开驻车制动杆

□ 松开并调整锁紧螺母以完全松开驻车制动器拉索

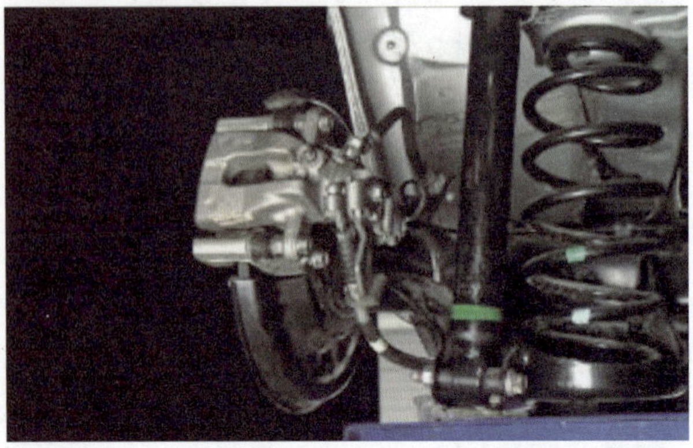

□ 在驻车制动器拉索总成底部插入弯颈扳手（14mm），以脱开卡子

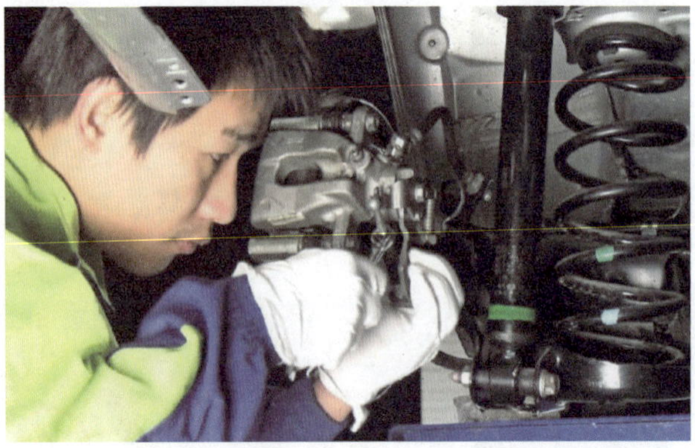

□ 从后盘式制动器制动缸总成上拉出驻车制动器拉索总成

□ 断开车辆转速传感器插接器

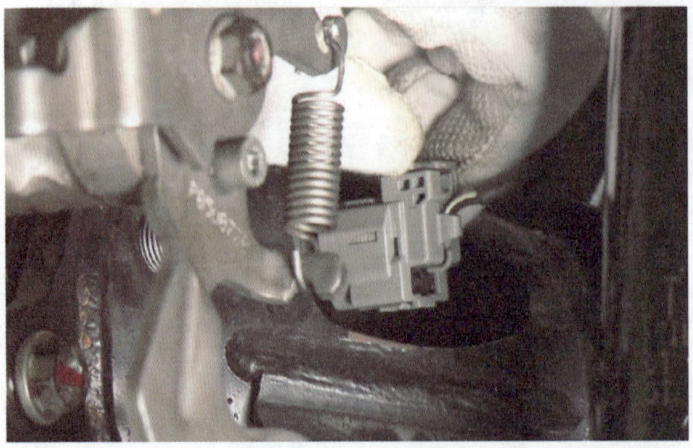

☐ 分离后轮制动器挠性软管

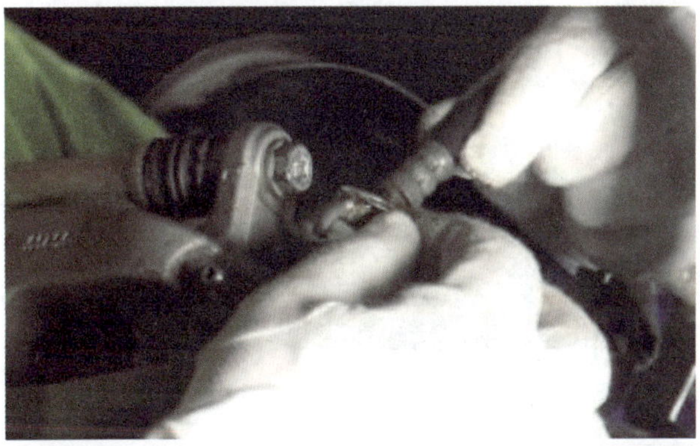

☐ 拆下接头螺栓和衬垫，并从后盘式制动器制动缸总成上分离后轮制动器挠性软管

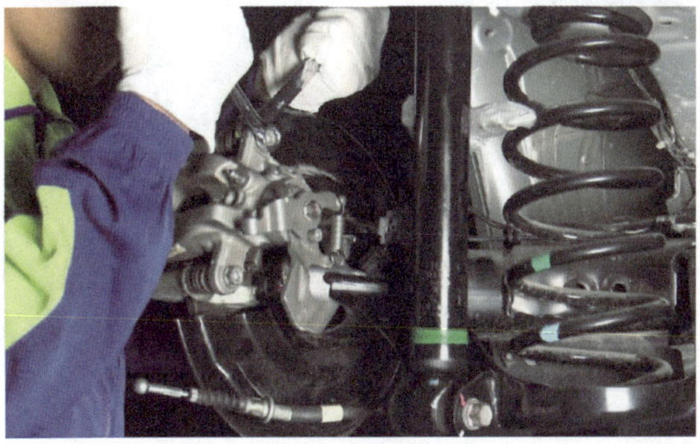

☐ 固定后盘式制动器衬块导向销，并拆下两个螺栓和后盘式制动器制动缸总成

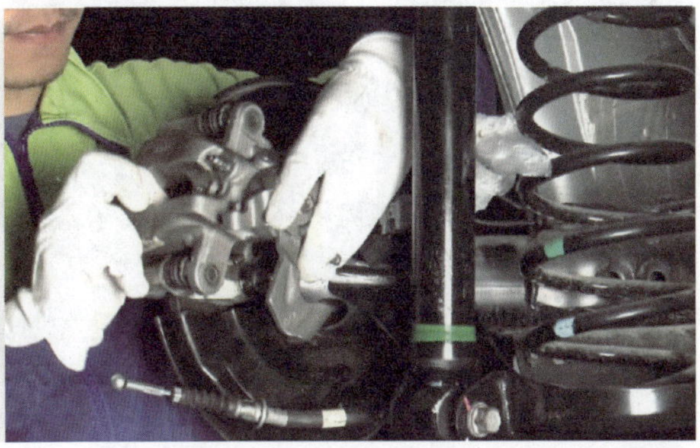

☐ 取下后盘式制动器制动缸总成

□ 从盘式制动器制动缸固定架上拆下两个后盘式制动器衬块导向销

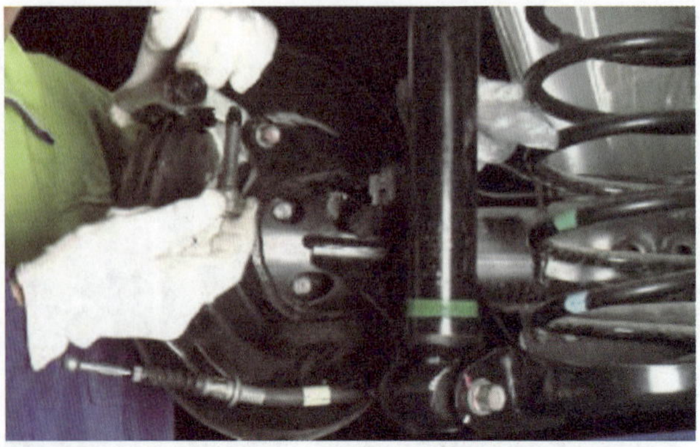

□ 做好前后两个制动器衬块的标记

□ 从后盘式制动器制动缸固定架上拆下两个盘式制动器衬块

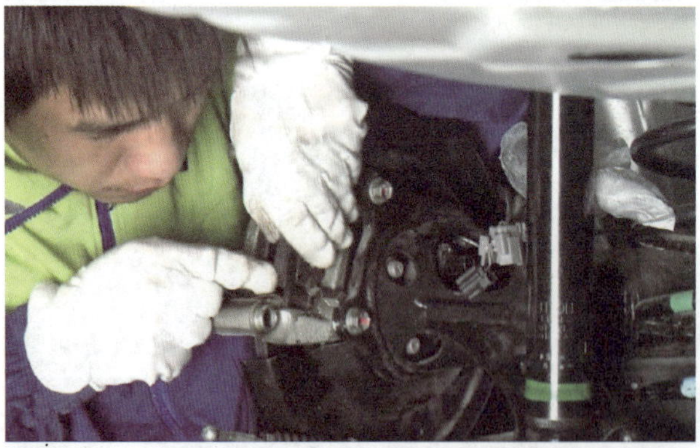

□ 从车桥横梁上拆下两个螺栓和后盘式制动器制动缸固定架

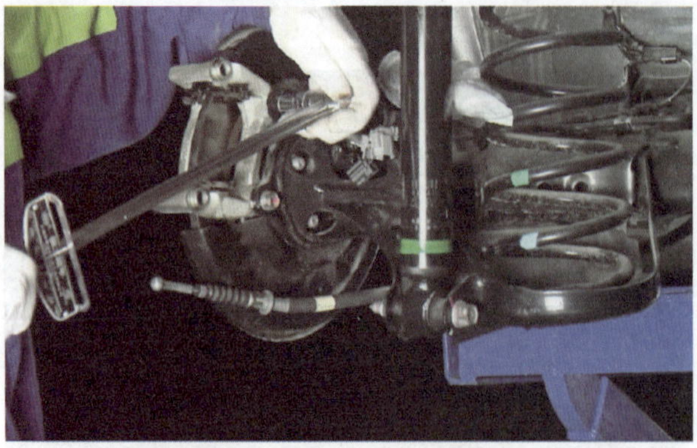

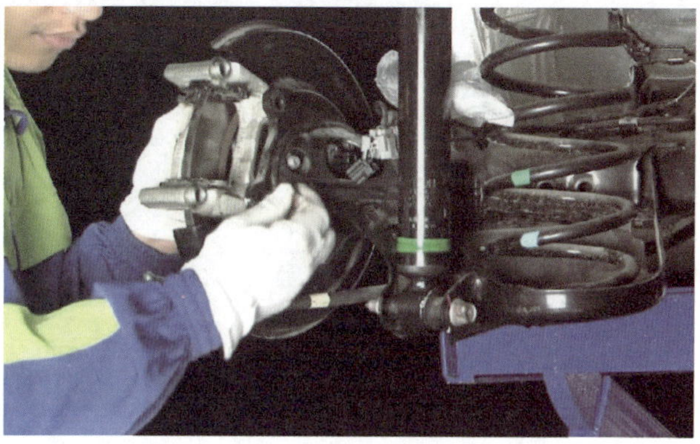

（2）检修制动衬块

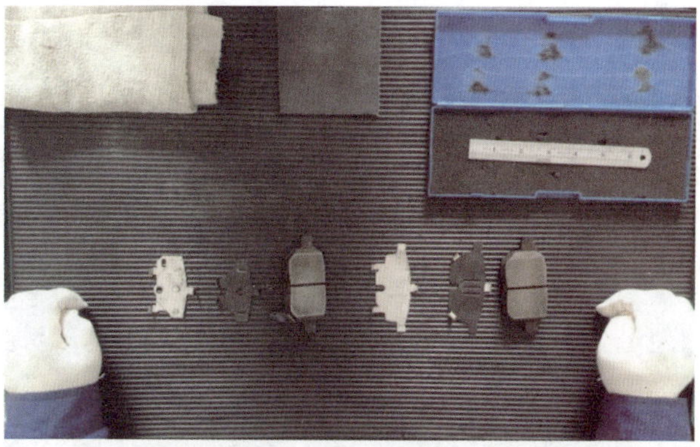

□ 取下后盘式制动器制动缸固定架

□ 用铁丝将后盘式制动器制动缸固定架挂住

□ 在拆卸前，应在制动盘和车桥轮毂上做好装配标记

□ 分解后轮盘式制动器衬块

□ 目视制动衬块表面的磨损情况，并用砂纸打磨衬块工作面

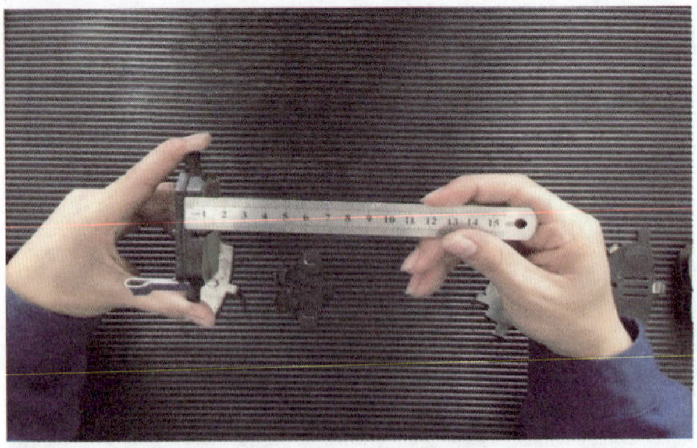

□ 用直尺测量衬块厚度

标准值	极限值
9.5mm	1.0mm

检查结果：__________

____

____

（3）检修制动盘

□ 目视制动盘表面有无划痕、破损的情况，并用砂纸打磨表面

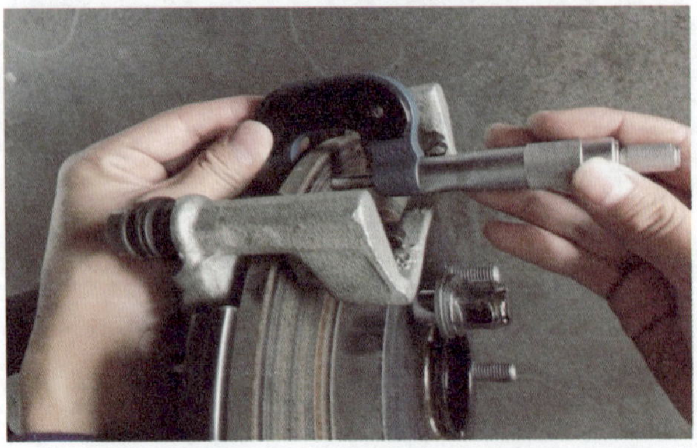

□ 用千分尺（0 ～ 25mm）测量制动盘厚度：每转动 90°，选取测量点，测量制动盘厚度

标准值	极限值
9.0mm	7.5mm

检查结果：__________

____

____

（4）安装后轮盘式制动器

□ 对准制动盘和车桥轮毂的装配标记，安装制动盘

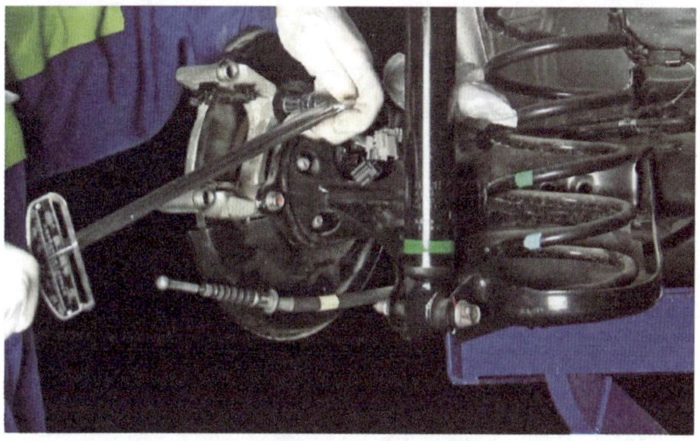

□ 用两个螺栓将后盘式制动器制动缸固定架安装在车桥上，扭矩值为 57N•m

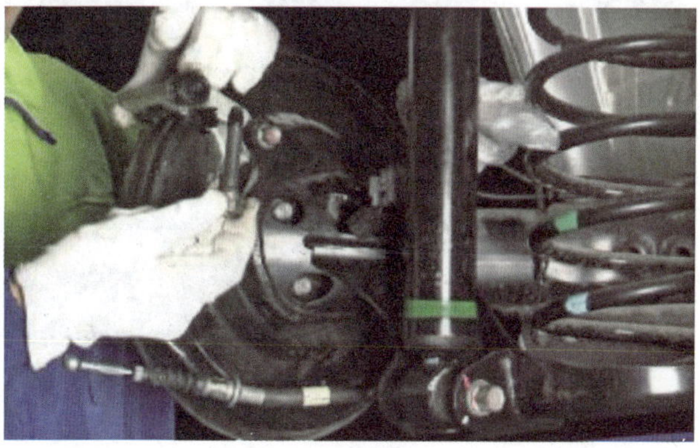

□ 先在后盘式制动器衬块导向销上涂抹锂皂基乙二醇润滑脂，再安装至后盘式制动器制动缸固定架

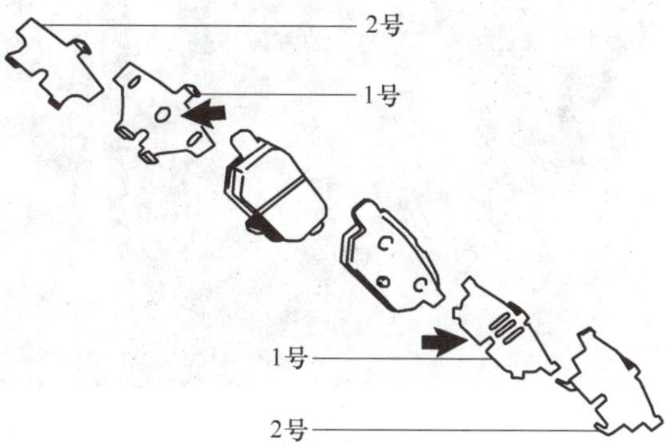

□ 在两个 1 号消声垫片上涂抹盘式制动器润滑脂（左图箭头方向）

□ 将两个 1 号消声垫片和两个 2 号消声垫片安装至各制动衬块

□ 将两个后盘式制动器衬块安装至后盘式制动器制动缸固定架

□ 重复使用衬块时，为抵消衬块磨损，需推动活塞至衬块的凸出部分，正确对齐活塞凹槽的位置

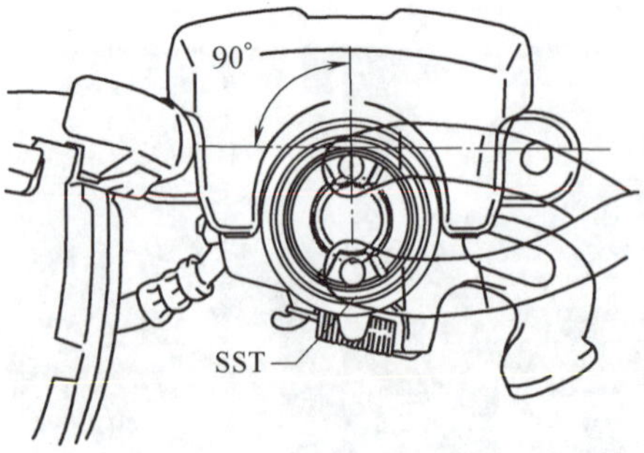

□ 用两个新螺栓将盘式制动器制动缸安装至后盘式制动器制动缸固定架，扭矩值为 35N•m

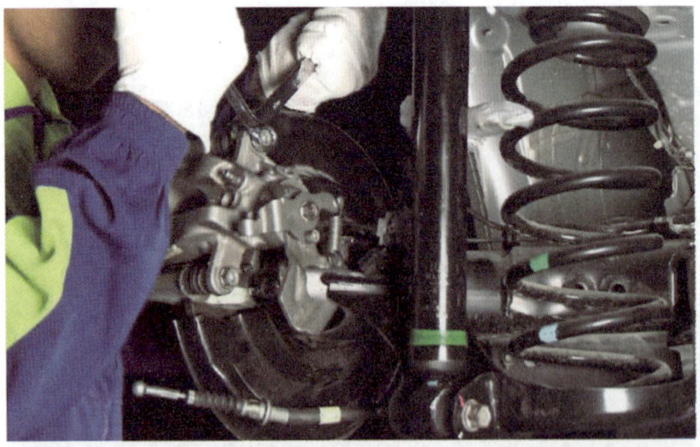

□ 用接头螺栓和新衬垫连接挠性软管，标准扭矩值为 29N•m

□ 将驻车制动器拉索总成插入后盘式制动器制动缸总成，并将驻车制动器拉索卡爪接合至后盘式制动器制动缸的导向装置

□ 将驻车制动器拉索末端连接至后盘式制动器制动缸操作杆

（5）性能检测

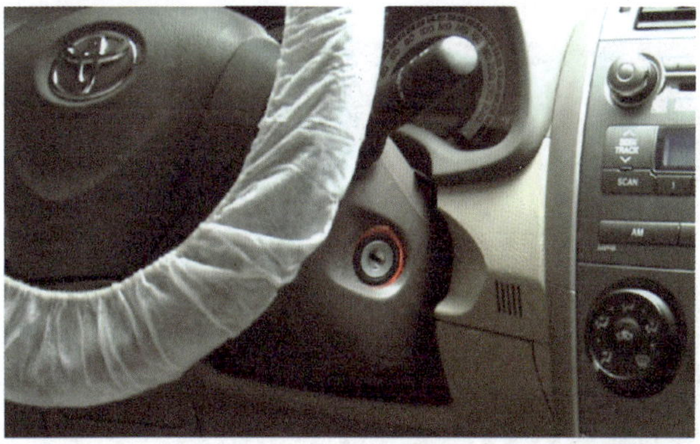

□ 做好起动前安全检查，之后起动发动机

□ 汽车以 20 ～ 30km/h 的速度行驶，在干燥平直的路面上踩下制动踏板，汽车应迅速减速并停车，且无跑偏现象

□ 汽车制动后，松开制动踏板并继续行驶时，应能顺利起步和行驶，而且在行驶中摆正方向盘时，汽车应保持直线行驶而不会跑偏

□ 当汽车行驶一段距离（不踩制动踏板）后，停车检查制动鼓（制动盘和制动片）的温度时，温度应正常（不烫手）

检查结果：____________

____

____

（6）工位整理

□ 用软布擦拭车辆外车身，清洁车身脏尘，避免车身留下刮痕

□ 整理所使用的工具、量具、实训设备，用软布擦拭工量具表面脏尘，做好工量具与相关设备的维护工作

□ 清扫实训工位地面，清除地面油污、废料、尘土，保持地面干净、整洁

6. 任务评价

认真填写“实训项目工单”。

实训项目工单

<table>
<tr><td>姓名</td><td></td><td>故障车型</td><td></td><td>行驶里程</td><td></td></tr>
<tr><td>完成时间</td><td colspan="3"></td><td>成绩</td><td></td></tr>
<tr><td>项目名称</td><td colspan="5">制动系统检修</td></tr>
<tr><td>任务目的</td><td colspan="5">掌握汽车制动系统的各部件检修内容
能正确、规范地进行汽车制动系统的检修操作流程</td></tr>
<tr><td colspan="6">任务准备</td></tr>
<tr><td>必要的理论知识要点</td><td colspan="5">1. 概述汽车制动系统的功用
______
______
2. 汽车制动系统由哪些部件组成？找出各部件实际安装位置
______
______</td></tr>
<tr><td>所涉及实训工具</td><td colspan="5"></td></tr>
<tr><td colspan="6">任务反馈</td></tr>
<tr><td rowspan="10">分项检查操作情况</td><td>检查项目</td><td colspan="2">正常打 √，异常打 ×</td><td colspan="2">异常原因分析（主要）</td></tr>
<tr><td>步骤 1</td><td colspan="2">□ 前期基本检查到位</td><td colspan="2">关键部位检查缺失</td></tr>
<tr><td>步骤 2</td><td colspan="2">□ 能正确选用工具</td><td colspan="2">工具选用错误</td></tr>
<tr><td>步骤 3</td><td colspan="2">□ 能正确完成制动系统工作检查</td><td colspan="2">检查项目不全面，存在缺失</td></tr>
<tr><td>步骤 4</td><td colspan="2">□ 能规范拆卸后轮盘式制动器</td><td colspan="2">拆装操作不规范</td></tr>
<tr><td>步骤 5</td><td colspan="2">□ 对制动衬块检修规范，项目到位</td><td colspan="2">检修项目不全面，存在缺失</td></tr>
<tr><td>步骤 6</td><td colspan="2">□ 对制动盘检修规范，项目到位</td><td colspan="2">检修项目不全面，存在缺失</td></tr>
<tr><td>步骤 7</td><td colspan="2">□ 能正确安装盘式制动器各部件</td><td colspan="2">安装操作不规范，顺序错误</td></tr>
<tr><td>步骤 8</td><td colspan="2">□ 各拆装工具能正确使用</td><td colspan="2">操作方法错误</td></tr>
<tr><td>步骤 9</td><td colspan="2">□ 工具、部件摆放是否整齐</td><td colspan="2">7S 运用不到位</td></tr>
<tr><td>归纳该项目操作要点</td><td colspan="5">在进行后轮盘式制动器拆装操作时，应注意哪些操作要点？
______
______</td></tr>
</table>

（续）

任务评价				
学生自我评价（40%）	项目	得分	项目	得分
	A：任务实施 10 分		D：小组协作 10 分	
	B：课堂纪律 10 分		E：安全操作 10 分	
	C：质量反馈 10 分		F：7S 应用 10 分	
	您认为该改善的项目是______________			您的得分：______
小组评价（30%）	□ 优秀（90 ～ 100 分） □ 良好（81 ～ 89 分） □ 及格（60 ～ 80 分） □ 不合格（60 分以下）			您的得分：______
实训小结（10%）（学生填写）	（说说自身的收获）			您的得分：______
教师点评（20%）	（对你的课堂表现）			您的得分：______
总分				
你知道吗？ 	在对汽车制动系统进行维护时，应注意以下几点：①定期检查制动蹄片，制动蹄片最好是每 10000km 检查一次，制动器油一般是每行驶 50000km 就应更换一次；②定期检查制动器油高度时，制动器油应达到收纳罐的基准线，否则发生故障的可能性很大；③制动系统需保持干燥，有些制动器油吸水较严重，在制动器油的油杯盖上，就能看见水珠，当制动盘片潮湿时，最好是车主到维修点对制动盘片进行吹干处理。			

拓展迁移

1. 模拟相似故障，根据所学知识，排除大众帕萨特轿车制动系统的故障。

2. 结合实车，观察丰田卡罗拉轿车的制动系统与大众帕萨特轿车的制动系统在维护保养方面有什么不同。**（提示：可以从制动类型、控制过程等方面来考虑）**

项目十

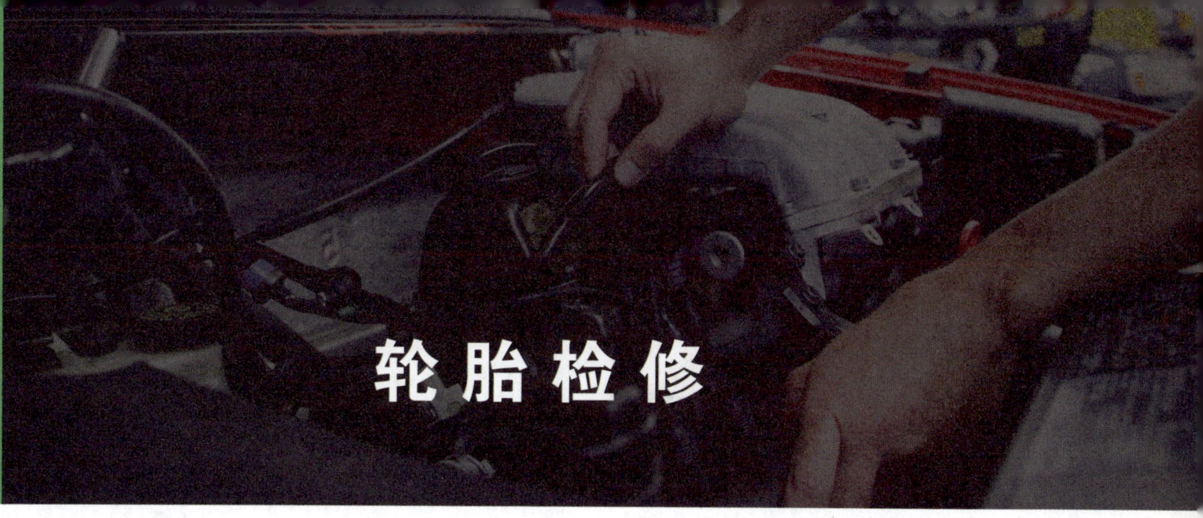

轮胎检修

学习目标

1. 能说出汽车轮胎的作用、结构组成及轮胎类型与含义。
2. 能正确记录汽车轮胎检修的内容要点。
3. 能规范完成汽车轮胎的检修操作流程。
4. 能自觉养成 7S 自主管理的行为习惯。

项目导读

轮胎检修是汽车检修的典型项目之一。车主驾驶操作不当、轮胎自身老化、路况不好等因素，都会导致汽车轮胎爆胎。作为汽车维修工，首先应对汽车轮胎的作用、结构组成、工作过程等基础知识有一定的认识，掌握一些维修工具名称及使用方法，按照科学的检修流程排除故障。

学时建议

建议安排 6 学时。其中，汽车轮胎检修的操作流程（任务实施环节）是教学重点，也是教学难点，建议安排 4 学时。

资料收集

思考： 汽车轮胎有什么作用？轮胎由哪些部分组成？在检修过程中，需要哪些工具？

1. 利用相关网站

360 汽车网（http：//www.360qc.com/school/index.html）主要为车主提供汽车美容、养护、装饰、升级、改装、维修等方面服务，从车主对于汽车的基础知识部分的了解开始，对车主的车型以及所需要的服务项目，有针对性地进行前期基础知识介绍。网站内还可找到购买服务前的导购策略辅导、相关产品的对比测试与效果评测、相关服务店推荐等。

"360 汽车网"网站运行首页

你知道吗？说说以下工具的名称。

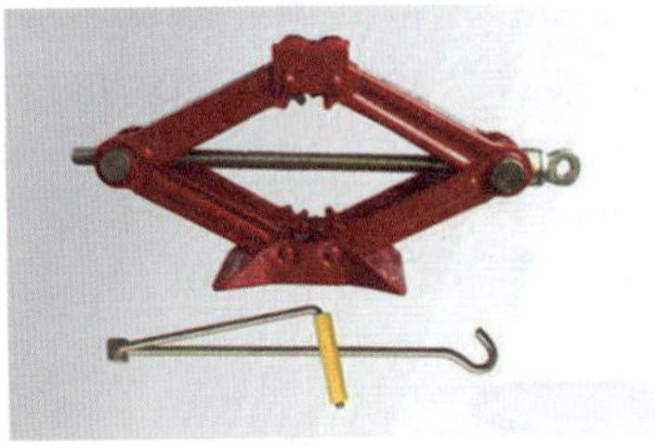

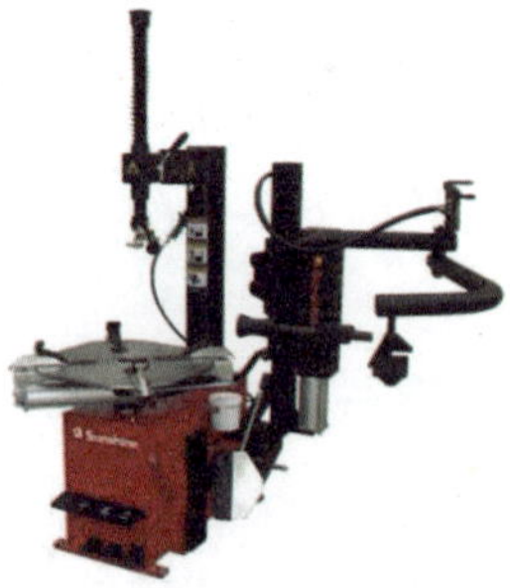

2. 教学实施准备

汽车维护实训室布置图

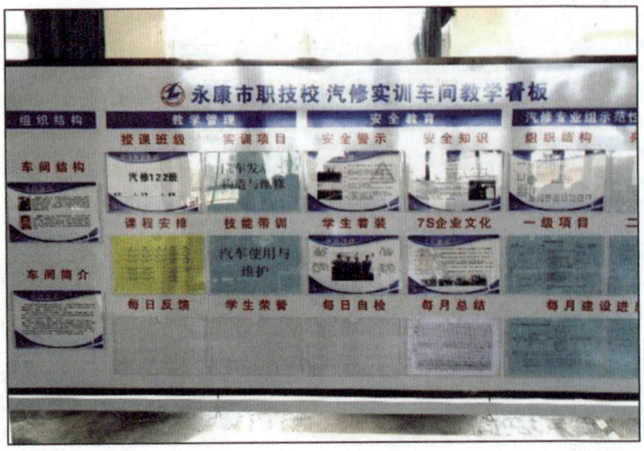

7S 实训管理风采：教学看板

活动展开

1. 问题情境

一辆 2011 年生产的卡罗拉 1.6 AT 汽车，行驶里程为 24286km，车主反映车辆刚行驶不久后，右侧轮胎爆胎，无法行驶，需修补轮胎。请你帮助他想想办法。

接车后，发现右后车轮轮胎已经爆胎，需要对轮胎进行拆卸与修补。

导致汽车轮胎“爆胎”的原因有哪些?

____

____

____

____

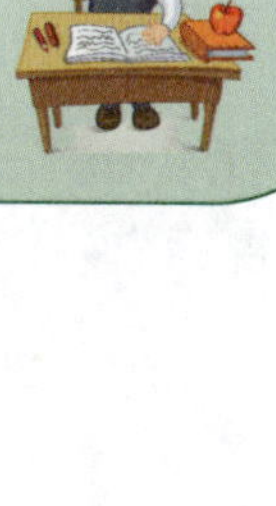

2. 任务准备

（1）信息登记

对照“实训项目工单”，记录维修车辆基本信息。

（2）外观检查

检查与登记车辆使用状况（车身外观情况、燃油情况等），标注：

○ 刮花

× 凹痕、划痕

△ 裂纹

（在车辆的相应部位，标记相应符号）

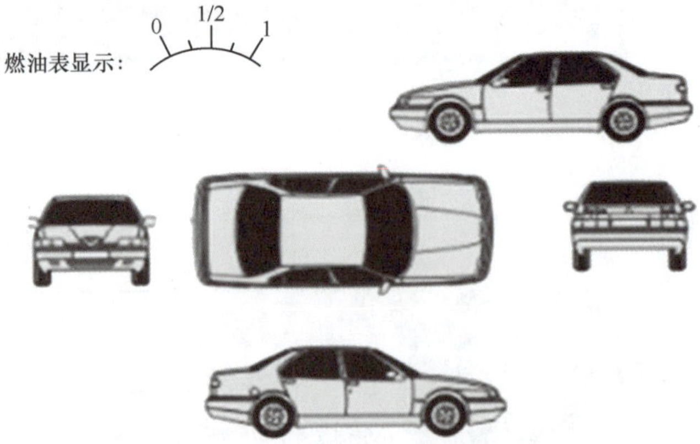

（3）进入工位

进入工位，我们应该做好以下工作：

□ 调试举升机

□ 准备所涉及的维修工具

□ 整顿设备仪器摆放

□ 维修安全自检

□ 穿好工作服

（待完成后，在相应方框内打√）

3. 查询故障

更换轮胎

□ 距离车辆 50 ~ 100m 处，设立三角牌警告标志

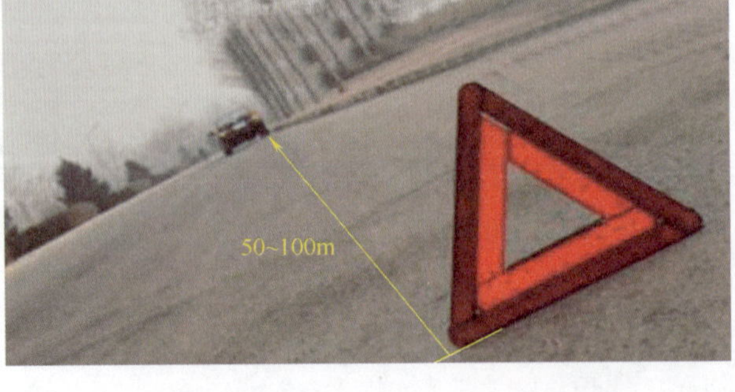

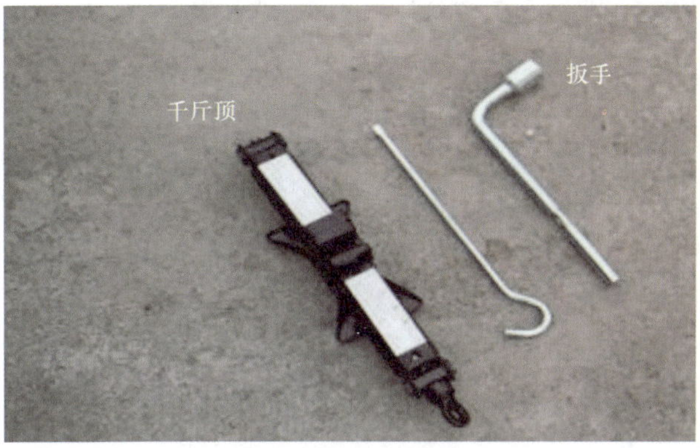

□ 从车辆行李箱底下取出千斤顶、扳手等随车工具

□ 从车辆行李箱底下取出车辆备用胎

□ 在用千斤顶抬起车身之前，先用扳手拧松车轮螺栓

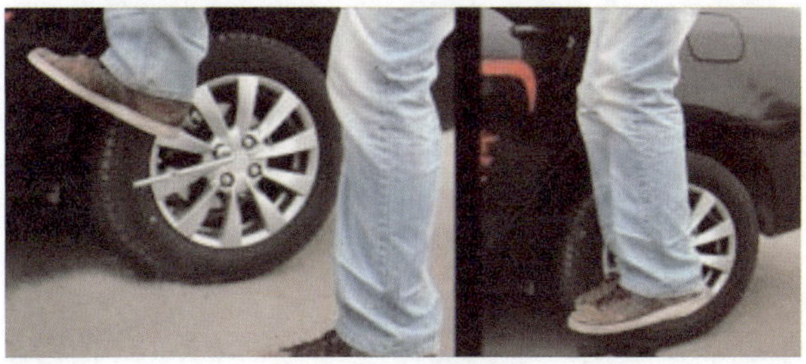

□ 若仅靠手的力量很难拧动螺栓，则可站到扳手上轻跳两下，靠身体重量拧松螺栓

☐ 找准千斤顶顶起位置，以便更好地顶起车辆

☐ 将千斤顶对准车身上的沟槽，保证稳固，另一侧可以组合成旋转把手

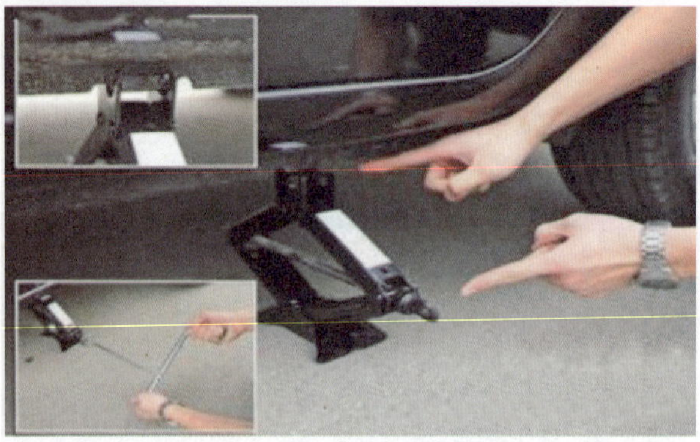

☐ 顶起车身后，把备胎放在车身下面，做到安全可靠

☐ 首次拆卸轮胎可能会比较紧，可用脚朝轮胎上方、下方轻踢几下，使轮胎容易从车上拆卸下来

☐ 安装备胎时，将换下来的旧轮胎放到车底下，以防车身下沉

☐ 可用双脚固定轮胎，便于轮胎与车轴对齐

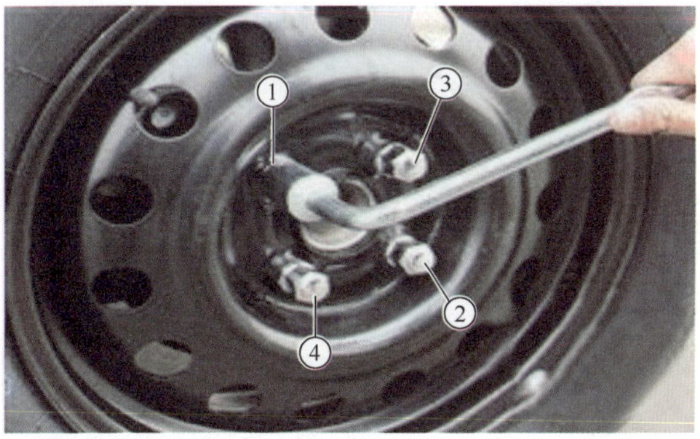

☐ 拧螺栓时，一定要按照如左图所示顺序拧，遵循“对角多遍”原则拧紧，如果一口气拧紧一个螺栓，可能会导致车轮受力不均匀而歪斜

☐ 移走千斤顶，放下车身，再按照之前的顺序将所有螺栓紧固一遍，达到规定扭矩

□ 安装完毕，清理工具，将破损轮胎放置车辆行李箱，便于日后修补

4. 知识链接

（1）汽车轮胎的作用

汽车轮胎是汽车的重要部件之一，它直接与路面接触，和汽车悬架共同来缓和汽车行驶时所受到的冲击，保证汽车有良好的乘坐舒适性和行驶平顺性，并且保证车轮和路面有良好的附着性，提高汽车的牵引性、制动性和通过性；同时，汽车轮胎也承受着汽车的重量。

（2）汽车轮胎的组成

汽车轮胎通常由外胎、内胎、垫带三部分组成，也有不需要内胎的轮胎，其胎体内层有气密性好的橡胶层，且需配专用的轮辋。

轮胎按结构设计不同，可分为子午线轮胎和斜交轮胎。一般常用的是子午线轮胎，它的优点是弹性大、耐磨性好、滚动阻力小、附着性能好、缓冲性能好、承载能力大、不易刺穿；缺点是胎侧易裂口，由于侧向变形大，导致汽车侧向稳定性稍差，且制造技术要求高，成本高。

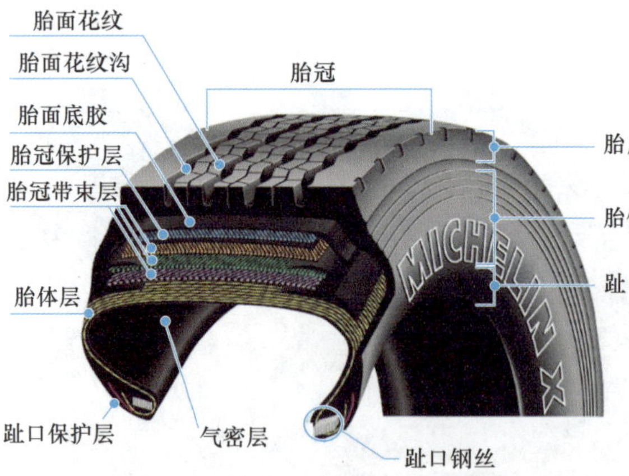

汽车轮胎结构组成示意图

汽车轮胎可分为内胎轮胎和无内胎轮胎。常见的是无内胎轮胎，如右图所示，即不使用内胎，空气直接充入外胎内腔。这样，提高了行驶的安全性，可改善轮胎的缓冲性能，提高轮胎的使用寿命。

无内胎轮胎

（3）轮胎表面数字的含义

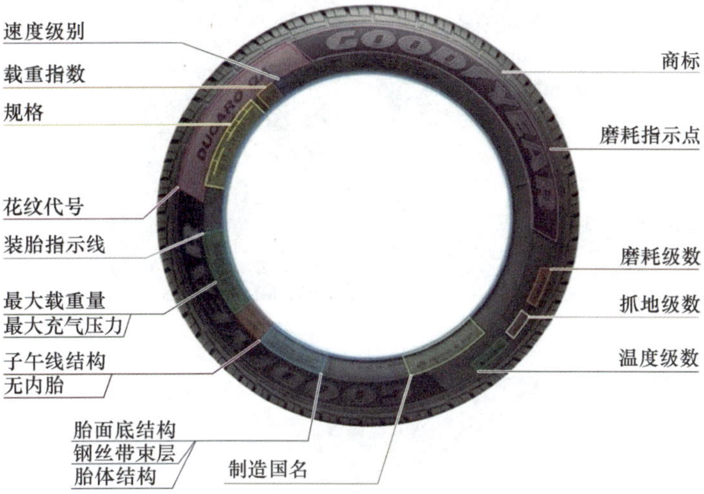

子午线轮胎：采用国际标准化组织（ISO）轮胎编码系统，即一般由六部分组成，包括轮胎宽度(mm)、轮胎断面的扁平比(%)、轮胎类型代号、轮辋直径(英寸)、负荷指数和许用车速等级代号。

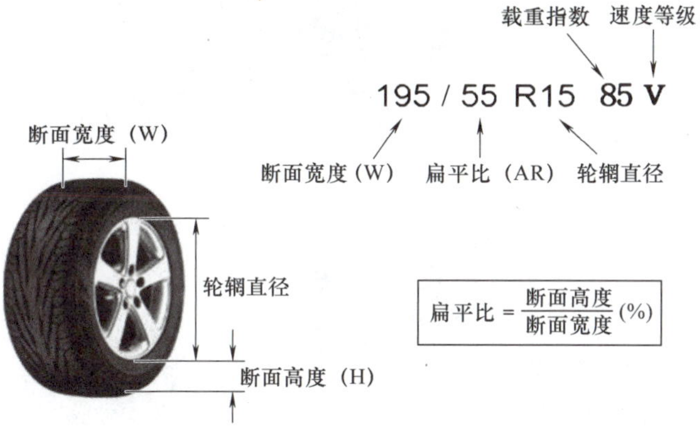

左图轮胎规格为195/55R15 85V，其中195表示轮胎的宽度为195mm；55表示轮胎的断面高度与宽度的百分比为55%，即轮胎的扁平比；R代表单词RADIAL，表示是子午线轮胎；15表示轮辋的直径为15in（约381mm，1in=25.4mm）；85表示负荷指数；V表示轮胎许用车速等级，为240km/h。

5. 任务实施

（1）拆卸轮胎

☐ 基本检查。检查轮胎胎面有无磨损，轮胎轮毂有无划痕、破损

□ 拆卸轮胎前，先用毛刷蘸取润滑剂润滑胎缘，之后拆卸轮胎钢圈边缘的平衡挡块，拧下轮胎的气门芯，放出轮胎内的空气

□ 将轮胎放在分离铲与橡胶垫板之间，使分离铲边缘置于胎缘与轮辋边缘大约 1cm 处，然后脚踩分离铲的脚踏开关，使轮胎胎缘与轮辋分离

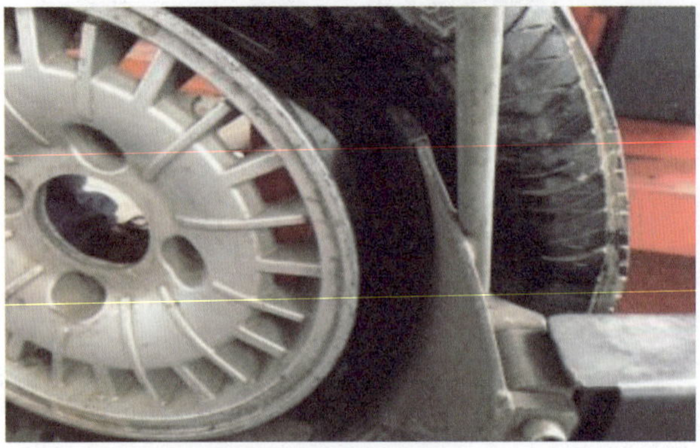

□ 将胎缘与轮辋已分离的轮胎放在轮盘上，脚踩夹紧气缸脚踏到底，并夹紧轮辋

□ 用撬杠将胎缘撬在拆装头前端半球形凸起之上，为了方便撬出，将拆装头对面的轮胎上缘向下压，压到轮槽以内后，再使用专用撬杠将胎缘撬出

☐ 踩下分离踏板，工作台顺时针转动，直到上面轮胎脱离钢圈上槽

☐ 拆卸轮胎下部，踩下分离踏板，工作台顺时针转动，直至下面轮胎脱离钢圈下槽

☐ 轮胎完全脱离钢圈，取下胎面

（2）修补胎面

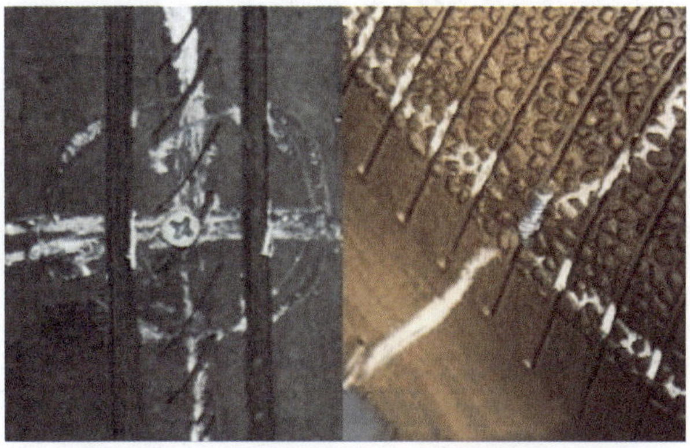

☐ 找到钉子（或异物）钉入位置，做好标记，并取出钉子（或异物）

□ 用清洗剂喷涂轮胎内侧，并用刮污器进行清理

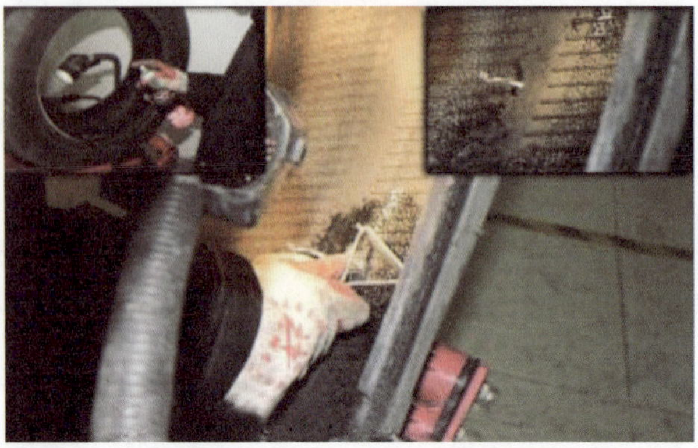

□ 对轮胎内创口处，用低速打磨机进行打磨

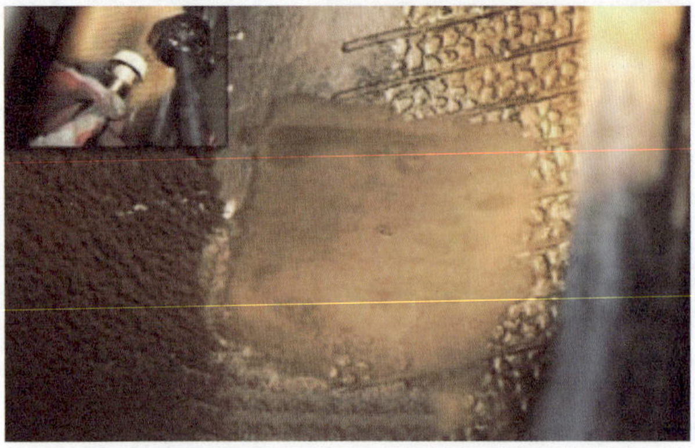

□ 用钢丝刷清理打磨后的创口，再用吸尘器将碎屑吸干净

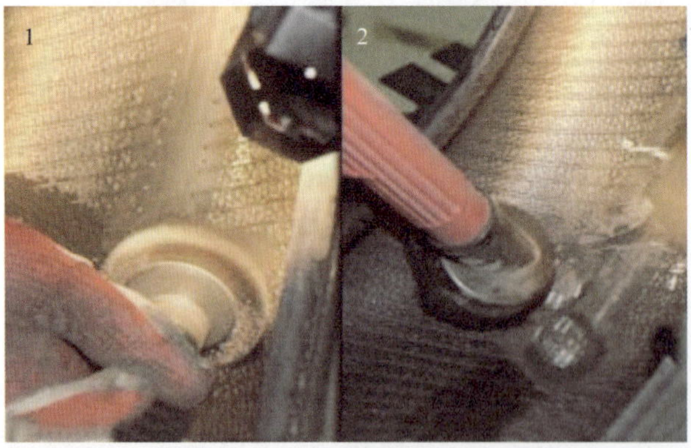

□ 涂抹上硫化剂后将加固贴片，用力贴紧须将空气挤压出去，贴加固垫时，要按照由中心向四周的方向进行按压，特别注意保留一块塑料膜，待将多余空气顺着这块塑料膜挤压出去后再撕下，按实压紧即可

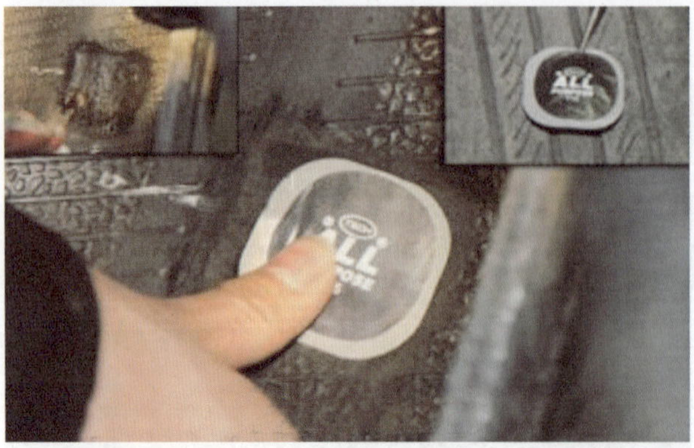

□ 对于胎冠正面的小钉子眼儿，还需做进一步处理

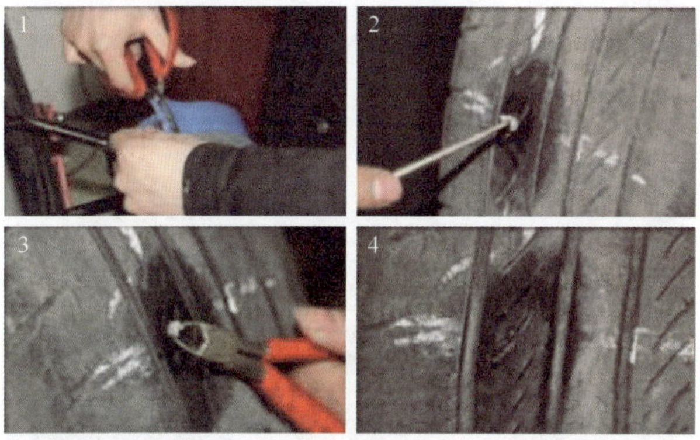

□ 先用钢丝刷清洁，然后涂抹硫化剂，将胶带状硫化胶剪下一条用工具塞入小孔中，多余部分用钳子剪掉

□ 用挤压滚将加固贴片充分挤压并撕掉表面薄膜，在贴片周围涂上密封胶使贴片更加牢固地贴合在轮胎上

（3）组装轮胎

□ 将铝合金钢圈放置在轮胎拆装机平台上

□ 踩下分离踏板开关

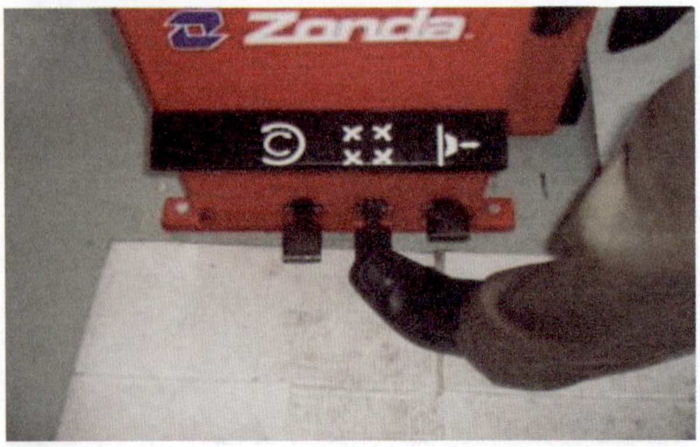

□ 平台上的夹具会自动扩张固定钢圈

□ 安装轮胎气门嘴，切记勿损坏气门嘴

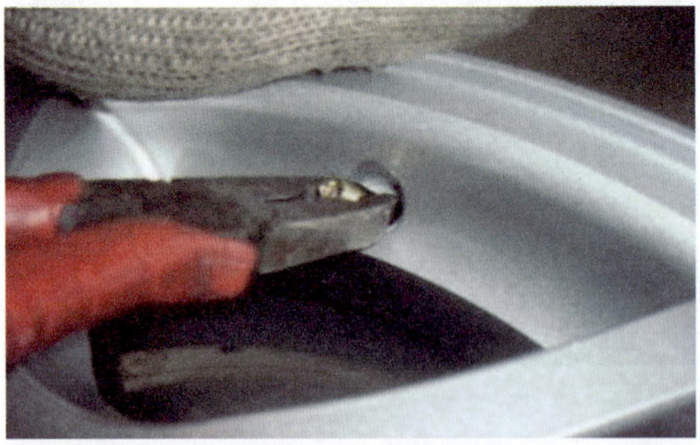

□ 在轮胎口涂抹润滑液

☐ 轮胎与钢圈接合前按左图所示放置

☐ 压下轮胎，使其与拆装头钢圈外沿贴合

☐ 踩下分离踏板，使工作台顺时针转动，直至下面的轮胎完全进入钢圈槽内

☐ 气门嘴对准黄色标记

□ 踩下分离踏板，使工作台顺时针转动，直至上面的轮胎完全进入钢圈槽内

□ 在工作台转动过程中，用力把轮胎口压至拆装带内，否则会损坏轮胎与机件

□ 拨开锁紧机构，使轮胎与钢圈装配完成

□ 给轮胎充气、检漏后，胎压应达到标准胎压值

（4）工位整理

□ 用软布擦拭车辆外车身，清洁车身脏尘，避免车身留下刮痕

□ 清扫实训工位地面，清除地面油污、废料、尘土，保持地面干净、整洁

6. 任务评价

认真填写“实训项目工单”。

实训项目工单

姓名		故障车型		行驶里程	
完成时间				成绩	
项目名称	**轮胎检修**				
任务目的	掌握汽车轮胎部件的主要检修内容 能正确、规范地进行汽车轮胎的检修操作流程				
任务准备					
必要的理论知识要点	1. 概述汽车轮胎的功用 ______ ______ 2. 汽车子午线轮胎胎面上数字代表什么 ______ ______				
所涉及实训工具					

（续）

任务反馈			
分项检查操作情况	检查项目	正常打 √，异常打 ×	异常原因分析（主要）
	步骤 1	□ 前期基本检查到位	关键部位检查缺失
	步骤 2	□ 能正确选用工具	工具选用错误
	步骤 3	□ 能正确完成轮胎更换操作	拆装操作不规范
	步骤 4	□ 能规范拆卸轮胎	拆装操作不规范
	步骤 5	□ 对轮胎检查规范，项目到位	检查不全面，存在缺失
	步骤 6	□ 能规范完成汽车轮胎修补操作	操作不规范，存在安全隐患
	步骤 7	□ 能正确组装轮胎	操作不规范，存在安全隐患
	步骤 8	□ 各拆装工具能正确使用	操作方法错误
	步骤 9	□ 工具、部件摆放是否整齐	7S 运用不到位
归纳该项目操作要点	在进行轮胎拆装操作时，应注意哪些操作要点？ __________ __________		

任务评价				
学生自我评价（40%）	项目	得分	项目	得分
	A：任务实施 10 分		D：小组协作 10 分	
	B：课堂纪律 10 分		E：安全操作 10 分	
	C：质量反馈 10 分		F：7S 应用 10 分	
	您认为该改善的项目是__________			您的得分：______
小组评价（30%）	□ 优秀（90 ～ 100 分） □ 良好（81 ～ 89 分） □ 及格（60 ～ 80 分） □ 不合格（60 分以下）			您的得分：______
实训小结（10%）（学生填写）	（说说自身的收获） __________ __________			您的得分：______
教师点评（20%）	（对你的课堂表现） __________ __________			您的得分：______
总分				
你知道吗？ 	对于汽车轮胎日常维护，我们应该做好如下几点：①检查轮胎气压值是否处于规定范围内，一般轮胎标准气压是 0.22~0.26MPa；②保持轮胎清洁，清除小石子或者尖锐异物；③尽可能选择好的路面行车，防止刮损胎面；④选择平缓地面停车，利于汽车轮胎的维护，因为在斜坡停车易造成轮胎表面的摩擦；⑤四轮换位，可让各轮胎的磨损均匀，更利于汽车轮胎的维护。			

拓展迁移

1. 模拟相似故障，根据所学知识，排除大众帕萨特轿车轮胎的故障。

2. 结合实车，观察丰田卡罗拉轿车的轮胎与大众帕萨特轿车的轮胎有什么不同。（**提示：可以从型号、尺寸等方面来考虑**）

参考文献

[1] 倪爱勤 . 汽车电气 [M]. 北京：机械工业出版社，2011.

[2] 陈开考 . 汽车构造与拆装（上）[M]. 北京：机械工业出版社，2010.

[3] 陈开考 . 汽车构造与拆装（下）[M]. 北京：机械工业出版社，2010.

[4] 陈超杰 . 汽车常见检修项目 [M]. 上海：上海交通大学出版社，2014.

[5] 张茂国 . 汽车电气构造与维修 [M]. 北京：人民交通出版社，2002.